논·술·세·계·대·표·문·학

59

위대한 개츠비

프랜시스 스콧 피츠제럴드 | 이연희 엮음

훈민출판사

〈위대한 개츠비〉의 배경이 된
뉴욕의 밤 풍경

The Best World Literature

젊은 시절의 피츠제럴드

세 살 때의 피츠제럴드 – 아버지와 함께

〈위대한 개츠비〉의 배경이 된
미네소타 주의 호수

〈위대한 개츠비〉의 배경이 된 뉴욕 교외의 한 별장

부인과 함께한 피츠제럴드

뉴욕에 있는 자유의 여신상

The Best World Literature

영화 〈위대한 개츠비〉에서 개츠비의 정원에서 열린 파티 장면

피츠제럴드가 살던 시대의 뉴욕 젊은 남녀의
유행 복장

구인환(丘仁煥)

서울대학교 사범대학 졸업. 동 대학원 졸업(문학박사)
서울대학교 명예교수, 소설가(현). 서울대학교 사범대학 국어교육연구소 소장(현)
문학과문학교육연구소 소장(현). 국제펜 한국본부 부회장(현)
한국소설문학상(1987). 예술문화대상(1994). 한국문학상(2000)
작품 〈숨쉬는 영정〉, 〈살아 있는 날들〉, 〈일어서는 산〉 외 다수

- **저서** 《한국단편소설의 이해》, 《한국현대소설의 비평적 성찰》,
  《고교생이 알아야 할 소설》, 《고교생이 알아야 할 세계단편소설》 외 다수

윤병로(尹柄魯)

성균관대학교 국어국문학과 졸업. 동 대학원 졸업(문학박사)
성균관대학교 교수, 문학평론가(현). 한국현대소설학회장(현)
한국문예학술저작권협회 이사(현). 한국간행물윤리위원회 위원(현)
한국펜 문학상(1987). 한국문학상(1988). 대한민국문학상(1989)
수필집 《나의 작은 애인들》 외 다수

- **저서** 《현대 작가론》, 《한국 현대 소설의 탐구》,
  《한국 근대 작가 작품 연구》, 《한국 현대 작가의 문제작 평설》 외 다수

홍성암(洪性岩)

고려대학교 국어국문학과 졸업. 한양대학교 대학원 국어국문학과 졸업(문학박사)
동덕여자대학교 교수, 소설가(현). 한국문인협회 회원(현)
한국소설가협회 이사(현). 국제펜 한국본부 소설분과 이사(현). 한민족 문화학회 회장(현)
창작집 《큰 물로 가는 큰 고기》, 《어떤 귀향》 외
대하역사소설 《남한산성》(전9권) 외 다수

- **저서** 《문학의 이해》, 《현대 작가론》, 《한국 근대 역사소설 연구》 외 다수

영화 〈위대한 개츠비〉에서 개츠비와
데이지와의 재회 장면

논술 *세계대표문학*을 펴내며

21세기의 사회는 **'전자 문명 시대'**라 일컬어질 만큼 오늘날 전자 산업은 우리 생활의 거의 모든 분야에 다양하게 응용되고 있습니다. 출판 분야 또한 예외는 아니어서, 종래의 서책(Book) 대신에 이른바 '전자책(CD-ROM)'의 출간이 최근 들어 날로 증가하고 있습니다.

그러나 이러한 전자책은 영상 또는 모니터상으로 흥미 위주나 백과사전식 지식을 습득하는 데는 효과적일지 모르지만, 문학 공부를 위해서는 별로 도움이 되지 않습니다. 바꾸어 말하면, 문학 공부는 각 지면마다 살아 숨쉬는 표현 하나하나를 독자 자신의 머리로 음미하면서 작품을 읽어 나가는 가운데, 풍부한 상상력의 배양과 함께 작가의 의도와 그 작품의 내면을 깊이 있게 이해함으로써 이루어지는 것입니다.

이에 훈민출판사에서는, 자라나는 학생들이 범람하는 영상 매체에 길들여지기 전에, 어려서부터 유명한 세계문학 작품들을 책자를 통하여 삼녕 깊게 읽고 감상함으로써, 올바른 문학 공부의 기틀을 다지고, 아울러 전인 교육도 할 수 있도록 《논술 세계대표문학(전60권)》을 펴내게 되었습니다.

작품 선정은, 초·중·고등학교 국어 교과서와 역사 교과서에 실리거나 소개된 문학 작품을 중심으로 하되, 그리스 신화와 성경 이야기 등의 고전에서부터 중세·근대·현대에 이르기까지 세르반테스·셰익스피어·톨스토이 등 세계 유명 작가들의 장·단편 소설들을 엄선·수록하였습니다. 또 세계의 명시도 별권으로 엮었으며, 특히 각 단락마다 **'논술 문제'**를 제시하여, 장차 대학입시를 비롯한 각종 '논술 고사'에 예비 지식을 쌓을 수 있도록 배려하였습니다. 아무쪼록, 이 《논술 세계대표문학(전60권)》이 자라나는 학생들에게 문학 공부의 주춧돌이 되고, 나아가 미래를 살아가는 데 **정신적 자양분**이 되기를 진심으로 바라 마지않습니다.

훈민출판사

차례

위대한 개츠비

피츠제럴드

지은이

1896~1940년. 미국 미네소타 주의 세인트폴에서 출생.
프린스턴 대학에 들어가서 아마추어 뮤지컬 코미디를 쓰다 학위를 받지 못한 채 대
학을 그만두었다. 1920년에 쓴 첫 소설 〈낙원의 이쪽〉으로 세상에 이름을 알리고,
1925년 〈위대한 개츠비〉를 발표하였지만 생전에는 그다지 각광을 받지 못했다. 인
생의 말년을 할리우드에서 시나리오를 쓰며 보냈던 그는 죽고 나서야 문학가로서의
인정을 받게 되었다. 그의 작품으로는 〈위대한 개츠비〉, 〈저주받은 아름다운 이들〉,
〈말괄량이와 철학자〉 등이 있다.

위대한 개츠비

개츠비에 대한 회상

내가 상처받기 쉬웠던 어린 시절, 아버지는 내게 이렇게 말했다.

"남을 비판하고 싶은 생각이 들 때는 말이다, 이 세상의 모든 사람들이 다 너처럼 좋은 환경에서 자라지는 않는다는 사실을 생각해야 한단다."

아버지는 그 이상 다른 말씀은 하지 않으셨다. 하지만 나는 아버지의 말씀 속에 깊은 의미가 담겨 있다는 것을 알고 있었다.

아버지와 그것에 대해 더 많은 대화를 나누지는 않았지만, 우리는 서로의 마음을 잘 알고 있었다.

그래서 나는 어떤 일에 대해서든 되도록이면 뒷날로 판단을 미루는 태도를 취했는데, 이런 태도 때문에 나는 이상한 성격의 소유자들을 만나기도 했다. 또 치근덕거리는 성가신 사람들을 상대해 주어야 할 때도 있었다.

이상한 성격을 가진 사람들은 정상적으로 보이는 나에게서 그런 태도가 나타나면, 금방 그것을 알아채고 접근해 오곤 하였다.

지난 가을, 뉴욕에서 돌아왔을 때 나는 이 세상 사람들이 영원히 도덕적인 자세를 가졌으면 좋겠다고 생각했다.

무슨 특별한 권리가 있기라도 하듯 인간의 마음속을 슬쩍 들여다보는 혼란스러운 여행은 이제 신물이 난다.

그러나 오직 한 사람 개츠비, 이 책의 주인공인 그 남자만은 예외다.

개성이라는 것이 멋진 몸가짐이라고 말할 수 있다면, 개츠비라는 인간에게는 뭔가 개성이 있었다.

인생을 대단히 희망적으로 바라보는 민감성이라고나 할까, 그는 마치 1만 5천 킬로미터나 떨어진 곳의 지진을 기록하는 복잡한 기계와 같은 느낌이 드는 사람이었다.

이것은 '창조적인 기질'로 불리는 그런 허약한 민감성과는 아무런 관련이 없는 것이다.

그것은 희망을 생각하는 천부적인 재능이며, 내가 지금껏 한번도 본 적이 없는, 앞으로도 두 번 다시 찾을 수 없는 낭만적인 민감성이었다.

그렇다. 결국 개츠비라는 인간에게는 아무런 문제가 없었던 것이다.

오히려 그를 이용하려는 자들이나 그의 꿈을 깨뜨리는 하잘것없는 사람들 때문에 슬픔이나 기쁨이 때로 열매를 맺지 못하고, 때로는 덧없이 생을 끝내 버리는 모습에 대해 나는 흥미를 잃게 되었다.

뉴욕으로 진출

나의 가족들, 캐러웨이 가문의 사람들은 이 중서부에서는 삼대에 걸쳐 이름이 나 있는 행복한 사람들이었다.

캐러웨이 가문은 하나의 씨족에서 시작되었다. 그래서 버클로 공작의 자손이라는 전설이 있을 정도이다.

하지만 우리의 조상은 버클로 공작의 자손이 아니라 나의 큰할아버지로부터 시작되었다.

큰할아버지는 1851년 미국에 건너와서 철물 도매상을 시작하셨는데,

남북 전쟁 때는 전쟁터에 다른 사람을 대신 내보냈다고 한다.

지금은 나의 아버지가 그것을 이어받으셨다.

나는 그 분을 한 번도 뵌 적이 없지만 사람들은 내가 그 분과 닮았다고 한다. 그것은 아버지 사무실에 걸려 있는, 어지간히 비정해 보이는 그 분의 초상화를 두고 하는 이야기였다.

나는 1915년에 아버지보다 정확히 4반세기 늦게 코네티컷 주에 있는 예일 대학을 졸업했는데, 졸업 후 얼마 되지 않아 제1차 세계대전에 참가했다.

그 당시 나에게는 미국의 독일에 대한 역습이 실로 대단한 것이었기 때문에 무척 흥분했었다. 전쟁이 끝나 집으로 돌아와서도 그 흥분은 좀처럼 가라앉지 않았다.

하지만 내가 태어난 중서부 지방은 미국처럼 세계의 중심이 아니라, 우주의 초라한 변두리 같은 느낌이 들었다.

그래서 나는 동부에 가서 증권 회사의 일을 배우기로 결심했다.

내가 아는 사람은 누구나 할 것 없이 증권 회사에 근무하고 있었기 때문에, 그 세계가 나 하나쯤은 먹여 살릴 수 있을 것이라 생각했다.

큰어머니나 큰아버지들도 내가 진학할 고등학교라도 선택하듯, 내 취직 문제에 대해 의논을 하고는 '응, 뭐 괜찮을 것 같은데' 라고 말했다.

아버지는 1년 간은 생활비를 대 주겠다고 하셨다.

이런 저런 일로 시간이 좀 흘러가긴 했지만, 나는 1922년 봄에 마침내 동부로 오게 되었다. 사실 나는 아주 이사를 가 버릴 작정이었다.

고향의 넓은 잔디밭과 친근한 숲 속을 떠나 오긴 했지만 도시 외곽보다는 뉴욕 시내에 방을 얻는 쪽이 출퇴근하기에 훨씬 편리했다.

때마침 회사의 젊은 동료가 통근 거리에 있는 마을에 공동으로 집을 얻지 않겠느냐는 제안을 해 왔을 때, 나는 정말로 좋은 아이디어라고 생각했다.

며칠 후 우리는 적합한 집을 찾아냈다. 비바람에 낡은 싸구려 집으로 월 80달러의 세만 내면 되는 집이었다.

그런데 막상 이사할 때가 되자 그는 워싱턴으로 전근을 가 버렸고, 결국 나 혼자만 그 곳으로 이사하게 되었다.

짐은 개 한 마리와 낡은 차 한 대가 전부였다.

나는 핀란드 인 가정부를 고용했는데, 그녀는 내 침대를 정리해 주고, 전기 난로 곁에 웅크린 채 핀란드 어로 뭐라고 중얼거리며 아침 식사를 준비했다.

처음 하루 이틀은 외로웠다. 그러나 어느 날 아침, 나보다 나중에 이 곳에 이사 온 듯한 어떤 남자가 길에서 나를 불러 세우더니 쩔쩔매며 물었다.

"웨스트에그에 가려면 어떻게 가야 됩니까?"

나는 그에게 길을 가르쳐 주었다.

그에게 길을 가르쳐 주고 나서 나는 걷던 길을 계속 걸었다. 웬지 그 때부터 나는 외롭지 않았다.

이사온 지 얼마 되지 않았지만 길을 가르쳐 주면서, 그 마을에 원래부터 살고 있던 사람이 된 것 같은 기분이 들었기 때문이다.

따뜻한 봄볕은 빛나고, 나무들의 싹은 빠르게 촬영한 영화처럼 눈 깜짝할 사이에 움텄기 때문에, 나도 이 봄과 함께 생명이 되살아나는 듯한 느낌에 사로잡혔다.

지금까지 몇 번이나 맛보아 온 그런 확신을 또다시 품게 되었다.

한편으로는 읽어야 할 책도 많았지만, 생동감을 주는 계절에 풀이 죽어 있기에 나는 너무도 젊고 건강했다.

나는 은행 업무와 신용, 투자신탁에 대한 책을 잔뜩 샀는데, 그 책들은 은행에서 금방 만들어진 새 돈처럼 빨간색이나 금색을 띤 채 내 책장에 꽂혀서 미다스(그리스 신화에 나오는 프리기아의 왕. 손에 닿는 물건을 모두 황금으로 변하게 하는 능력이 있음)나 모건(미국의 갑부, 금융실업가)이나 미시너스(로마의 시인이며 정치가)가 알고 있는 눈부신 성공의 비밀을 가르쳐 줄 것만 같았다.

그뿐만 아니라 나는 그 외 많은 다른 책들도 읽어야겠다는 생각을 하고 있었다.

대학 시절에 나는 다소 문학에 심취해 있었기 때문에, 1년간 《예일 뉴스》에 아주 품위 있고 명확한 논설을 쓰기도 했었다.

이번에도 나는 다시 한 번 그렇게 활기 넘치던 생활로 돌아가, 전문가 중에서도 전문가다운 전문가, 즉 '원만한 인간'이 되고 싶었다.

원만한 인간이라는 것은 그냥 말로만 원만한 사람이 아니다. 그렇게 되는 것은 무척 어렵고도 힘든 일이다.

내가 북아메리카 중에서도 가장 색다른 도시 한 곳에 집을 빌리게 된 것은 우연이었다.

그 곳은 뉴욕의 동쪽에 뻗어 있는 길쭉하고 시끄러운, 다른 어디에서도 찾아보기 힘든 기이한 모습의 섬이었다.

뉴욕 시에서 30킬로미터 떨어져 있는 그 섬은 한 쌍의 거대한 달걀 모양이었다.

서반구 안에서도 가장 발달한 롱아일랜드 해협 안에, 마치 닭장에 뒹굴고 있는 달걀처럼 튀어나온 섬이 바로 그 곳이었다.

형태가 완전한 달걀형이라고 말할 수는 없었지만 콜럼버스의 달걀처럼 서로 만나는 한쪽 끝이 양쪽 다 평평하다.

그래서 그 위를 날아다니는 갈매기들은 늘 감탄의 대상이 되었다.

날개가 달려 있지 않은 우리 사람들이 그 형태나 크기 말고도 그것에 감동하는 이유가 있는데, 그것은 두 달걀이 보여 주는 차이점에 있다.

나는 그 곳의 서쪽인 웨스트에그에 살고 있었다. 그 곳은 두 달걀 중 사교적인 분위기가 덜한 쪽이었다.

그 두 지역의 선명한 차이점을 사교적 분위기가 덜하다거나, 더하다거나 그런 식으로 표현한다면, 그것은 수박 겉핥기이며 낡아빠진 표현이다.

나의 집은 웨스트에그의 돌출 부분에 있었다. 롱아일랜드 해협으로부터는 불과 5킬로미터밖에 떨어져 있지 않은 곳이었다.

내가 사는 집은, 한 계절을 빌려 사용하는 데 1만 2천 달러나 1만 오천 달러 정도 하는 두 채의 거대한 저택 사이에 끼어 있어, 찌그러질 듯한 모양을 이루고 있었다.

나의 집 오른쪽에 있는 집은 제법 호화로운 별장이었다. 노르망디의 어떤 시청 건물을 흉내낸 건물이었는데, 한쪽에는 야생 그대로의 담쟁이덩굴이 덮여 있었고, 그 뒤쪽에는 이제 막 새로 지은 듯한 탑이 우뚝 솟아 있고 대리석 풀장이 있었으며, 160제곱미터가 넘는 잔디밭과 정원이 펼쳐져 있었다.

이것이 바로 개츠비의 저택이었다.

아니, 나는 아직 개츠비라는 인물을 몰랐을 때니까 그런 이름의 사람이 사는 저택이라고 말해 두는 것이 옳겠다.

그 지역에서 내가 세들어 살던 집은 그야말로 눈엣가시였다. 하지만 워낙 초라했기 때문에 눈에 띌 만한 방해물은 아니었다.

덕분에 나는 한 달에 80달러의 집세만으로 집에서 바다를 바라보고, 이웃집의 잔디밭을 바라보면서 억만장자와 가까워진 듯한 기분에 취해 볼 수 있었다.

웨스트에그 건너편에는 바닷가를 따라 호화로운 이스트에그의 하얀 저택들이 즐비하게 늘어서 있었다.

내가 톰 부캐넌 부부와 저녁 식사를 하기 위해, 그쪽으로 차를 달렸던 그날 저녁으로부터 그 여름의 역사는 시작되었다.

부캐넌의 초대

톰의 부인 데이지는 나의 육촌 여동생이었고, 톰은 대학 시절부터 알고 지내던 사이였다.

나는 전쟁이 끝난 후 집으로 돌아가기 전에 톰의 집에서 이틀 정도 머문 적이 있었다.

톰은 각종 운동 경기에서 뛰어난 실력을 보여 주었는데, 특히 축구에서는 예일 대학의 축구부 창립 이래 최고의 선수 가운데 하나였다.

어떤 의미에서는 국가적인 인물이었는데, 21세의 나이에 이미 폴로 선수로서 뛰어난 재능을 발휘했기 때문이다.

하지만 그 이후로는 내리막 인생을 걷고 있다는 인상이 늘 붙어다니는 그런 사람이 되었다.

그의 집안은 어마어마한 부자였다. 대학 다닐 때도 그의 헤픈 씀씀이가 비난의 대상이 될 정도였다.

이번에는 사람들을 깜짝 놀라게 할 정도로 야단스럽게 시카고에서 동부로 이사를 왔다. 예를 들면, 레이크 퍼리트로부터 폴로 게임을 위해 말을 한 떼나 몰고 올 정도로 그는 정말 부자였던 것이다.

하지만, 나는 나와 나이가 비슷한 사람이 그렇게 돈이 많다는 사실이 좀 이해하기 어려웠다.

톰 부부가 왜 동부로 이사왔는지 나는 정확하게 알지는 못한다. 특별한 이유 없이 프랑스에서 1년을 살고, 부자들이 즐겨 하는 폴로 게임을 할 수 있는 장소를 찾아 여기저기 돌아다니는 것 같았다.

그들 부부는 무엇에도 만족하지 못하고 언제까지나 떠돌아다닐 사람들로 보였다.

톰의 부인 데이지가 이번에는 완전히 이사를 했다고 말했지만, 나는 그 말을 믿지 않았다.

데이지의 마음속까지 들어가 보지는 않았지만, 톰은 무엇에도 만족하지 못할 사람이었다.

이제는 두 번 다시 돌아올 수 없는 지난 시절, 폴로 게임의 극적인 흥분을 생각하면서 언제까지라도 돌아다닐 그런 사람으로 보였다.

그런 이유로 훈훈한 봄바람이 부는 어느 날 저녁, 나는 그리 잘 안다고 할 수 없는 그 두 사람을 만나러 이스트에그로 차를 달리게 되었다.

그들의 집은 예상했던 것 이상으로 세련되고 화려한 건물이었는데, 밝은 밝은 흰색과 붉은색으로 칠한 조지 왕조풍을 흉내냈다.

해안에서 시작되는 잔디밭은 정면 현관까지 4분의 1마일이나 깔려 있었는데, 그것은 도중에 해시계와 벽돌이 깔린 길, 그리고 진홍색 장미 화원을 지나서도 계속되었다.

마침내 집까지 이어져서는 달려온 힘 때문에 어쩔 수 없다는 듯 산뜻한 담쟁이덩굴로 그 모습이 바뀌어 담벼락을 타고 올라갔다.

건물 정면에는 일렬로 프랑스식 창문이 나 있었고, 그 창문은 황금색의 저녁놀로 물들어 있었다.

승마복을 입은 톰 부캐넌은 베란다에 떡 버티고 서 있었다.

그도 뉴헤븐의 대학 시절과는 많이 달라져 있었다. 지금은 엷은 갈색 머리칼과 좀 냉정해 보이는 입매, 오만한 태도, 건장한 체격을 가진 30대의 남자였다.

교만하고 잘난 체하는 두 눈 때문인지 그는 언제나 구부정한 공격 자세를 취하고 있는 듯이 보였다.

여자 옷처럼 세련된 승마복조차도 그의 건장한 체격을 감출 수는 없었다. 반짝거리는 가죽 장화는 곧 터질 것 같았고, 장화의 제일 위에 있는 끝은 매듭을 짓기 어려울 정도였다.

얇은 상의를 걸친 어깨를 움직일 때마다 부풀어오른 근육의 움직임은 하나도 감출 수 없었다. 또한 그는 그것을 자랑스럽게 생각하고 있었다.

그것은 거대한 힘을 자랑하는 육체, 잔인한 육체였다. 퉁명스럽고 허스키한 그의 목소리는 성미가 까다로운 듯한 인상을 더욱 강하게 심어 주기도 했다.

그의 목소리는 호의를 가진 사람과 대화를 나눌 때조차도 깔보는 듯한 경멸감이 담겨 있는 듯했다.

그래서 대학 시절에도 그 뻔뻔스러움을 싫어하는 사람들이 많았다.

'내가 당신보다 힘이 세고 남자다워 보인다고 해서 나를 그런 식으로 바라보는 것은 곤란하지. 그것이 올바른 태도는 아니야.'

그는 마치 내게 그렇게 말하고 있는 듯이 보였다.

그와 나는 4학년 때 같은 클럽 활동을 했는데, 한번도 친하게 지낸 적은 없었지만 그는 내게 항상 호의적이었다. 내가 자기를 좋아해 주기를 바라는 느낌이 들 정도였다.

그만의 거칠고 도전적인 태도는 변함이 없었지만, 나에게만은 이상하다 싶게 친절하게 구는 편이었다.

우리는 화창한 베란다에서 잠시 이야기를 나누었다.

"어때, 우리 집 멋지지?"

그는 끊임없이 사방을 두리번거리며 말했다.

그리고 내 한쪽 팔을 잡아 빙 돌리면서 이탈리아식 정원과 2제곱미터나 됨직한 향기가 코를 찌르는 장미 화원, 그리고 파도를 가르면서 달려가는 모터보트를 가리켰다.

"이 곳은 석유업자인 드메인의 소유였다네."

그렇게 말한 그는 은근한 태도로 내게 말했다.

"안으로 들어가세."

천장이 매우 높은 현관을 지나자 프랑스식 창문이 있는 밝은 공간이 나왔다.

창문은 모두 조금씩 열려 있었다. 집 안쪽까지 약간 들어온 듯한 파란 잔디밭을 배경으로 창문들이 빛났다.

가벼운 바람이 불어와 커튼이 한쪽 끝은 안쪽으로, 다른 쪽 끝은 바깥쪽으로 마치 바다색 깃발처럼 나부끼고 있었다.

그 커튼은, 설탕을 바른 웨딩케이크를 생각나게 하는 천장 쪽으로 펄럭이다가 진홍색 양탄자 위로 툭 떨어졌다.

집안 또한 화려하기가 생기 넘치는 집 바깥과 마찬가지였다. 실내에서 단 한 가지 완전히 정지해서 움직이지 않는 것은 크고 긴 의자뿐이었다.

그 긴 의자에는 마치 고정되어 있는 놀이기구에 타기라도 한 듯 젊은 두 여자가 앉아 있었다. 두 사람 다 흰색 드레스를 입고 있었다.

그 드레스 또한 집 주변을 빙빙 돌다가 지금 막 들어온 듯 잔물결처럼 펄럭이고 있었다.

나는 잠시 그 자리에 선 채, 커튼이 펄럭이는 소리나 벽에 걸린 그림이 바람에 덜거덕거리는 소리에 마음을 빼앗기고 있었다.

바로 그 순간 톰 부캐넌이 뒤쪽 창문을 닫는 소리가 들렸다. 그러자 바람이 더 이상 실내로 들어오지 않았고 방 안은 갑자기 조용해졌다.

커튼도 양탄자도, 그리고 두 여자도 사뿐히 바닥으로 내려앉았다.

두 사람 중 젊은 쪽은 내가 모르는 여자였다.

그녀는 긴 의자 한쪽에 몸을 쭉 펴고 앉아 움직이지 않았는데, 마치 턱 끝에, 떨어지면 안 될 물건을 올려놓기라도 한 듯 턱을 쳐들고 있는 거만한 얼굴이었다.

곁눈질로 내가 들어오는 것을 보고 있었으면서도 전혀 내게는 관심이 없다는 얼굴이었다.

의자에 앉아 있는 두 여자 중 한 여자는 데이지였는데, 의자에서 일어날 듯했지만 일어나지는 않았다.

그녀가 어색하게 웃었고, 나도 그녀의 매혹적인 웃음에 따라 웃었다.

"나는 너무 행복해서 몸이 굳어 버릴 지경이에요."

그녀는 자기 말에 감탄했는지 또다시 웃었다. 그러고는 내 손을 잡고 세상에서 나만큼 만나고 싶었던 사람은 없다는 듯이, 내 얼굴을 올려다보았다. 이것은 그녀의 버릇이었다.

턱 위에 뭔가를 올려놓은 듯한 여자는 베이커 양이라고 데이지가 속삭이듯 말했다.

그 속삭임이 상대방을 자기 쪽으로 끌어당기는 술책이라는 소문도 있지만, 그녀의 목소리는 여전히 매력적이었다.

하여튼 베이커 양이 입술을 가볍게 움직였고, 거의 눈에 보이지 않을 정도로 머리를 숙여 인사를 했다.

내가 데이지 쪽을 바라보자 그녀는 언제나 그렇듯 가슴 설레게 하는 낮은 목소리로 여러 가지 일을 묻기 시작했다.

그녀의 목소리는 마치 한마디 한마디가 두 번 다시 연주되지 않을 음의 배열처럼 듣는 사람을 끌어당기는 목소리였다.

그녀의 얼굴은 반짝이는 눈동자와 정열적인 입술, 밝은 듯하지만 슬픔에 젖어 있는 사랑스러운 모습이었다.

그녀의 목소리는 방금 가슴 설레는 즐거운 일을 경험한 듯, 아니면 곧 가슴 설레는 일이 시작될 듯 즐겁게 들렸다.

　나는 동부로 오는 도중에 많은 사람들이 그녀에게 안부를 전하더라고 그녀에게 말했다.

　"그 사람들 내가 없어서 쓸쓸해하던가요?"

　그녀는 들뜬 목소리로 물었다.

　"도시 전체가 황량하던걸. 모든 차들의 뒷바퀴는 검게 칠해졌고, 북쪽 해안 일대에서는 밤새 통곡 소리가 나던데."

　"어머, 멋져! 우리 돌아가요, 톰. 내일이라도!"

　그러더니 그녀는 대뜸 이렇게 말했다.

　"닉, 우리 아기 보셔야지요."

　"나도 보고 싶어."

　"지금 자고 있어요. 세 살이야. 본 적 없지요?"

　"응."

　"그럼, 꼭 보세요. 그 아이는 말이에요……."

　아까부터 불안하게 방 안을 서성이던 톰 부캐넌이 갑자기 내게 다가와 어깨에 손을 얹었다.

　"닉, 자네 지금 무슨 일을 하나?"

　"증권 회사 직원이야."

　나는 톰에게 내가 다니는 회사 이름을 말해 주었다.

　"들어 본 적이 없는데."

　그는 아무렇지도 않게 내뱉었다.

　나는 그 말에 좀 화가 났다.

　"이제 곧 알게 되겠지. 자네가 동부에 정착한다면 말이야."

　"물론 정착할 생각이야."

　그는 그렇게 말하면서 데이지를 힐끗 쳐다보았다.

"다른 곳에 가서 산다면 바보지."

갑자기 베이커 양이 '그렇고말고요!' 라고 말했기 때문에 나는 깜짝 놀랐다. 그 말이 그녀가 그 방에서 처음 한 말이었다.

그녀는 자신도 놀란 듯 하품을 하고는 재빠르게 의자에서 일어섰다.

"몸이 뻣뻣해요. 의자에서 잠이 들었던 것 같아요."

그녀는 가슴이 크지 않고 몸이 야윈 편이었지만 자세만은 꼿꼿했다. 그러고는 어딘지 모르게 허무한 표정으로 두 눈을 찡그리며 조심스럽게 나를 쳐다보았다.

그 때서야 나는 어디선가 그녀를 본 적이 있다는 생각이 들었다.

"웨스트에그에 사신다고요?"

그녀는 사람을 깔보는 듯한 목소리로 물었다.

"거기에 내가 아는 사람이 하나 있어요."

"나는 아직 한 사람도……."

"개츠비라는 분을 아실 텐데요."

"개츠비?"

데이지가 물었다.

"무슨 개츠비라고 하는데?"

그 사람이라면 바로 내 옆집에 사는 사람이라고 대답할 틈도 없이 식사 준비가 끝났다는 기별이 왔다.

톰 부캐넌은 내 팔을 끼고는 장기의 말을 움직이듯이 나를 음식이 마련된 방으로 데려갔다.

그 방은 장밋빛으로 꾸며져 있었으며, 식탁에는 네 개의 촛불이 미풍에 깜빡깜빡 흔들리고 있었다.

"촛불은 뭣 하러 켰지?"

데이지가 눈살을 찌푸리며 말하더니, 손으로 촛불을 휘저어 껐다. 베이커 양은 하품을 하면서 침대에 들어가기라도 하듯 식탁 앞에 앉았다.

그 때 갑자기 데이지가 자기 새끼손가락을 보면서 말했다.

"어머! 여길 다쳤어요."

모두 그녀를 바라보았다. 새끼손가락 관절이 푸르스름했다.

"당신 때문이야, 톰."

그녀가 원망하듯 말했다.

"일부러 그러지는 않았지만 분명 당신이 그랬어요. 짐승 같은 남자하고 결혼하면 이렇다니까. 쓸데없이 커서 터질 것 같은 몸집의 남자라니……"

"터질 것 같다니?"

톰이 얼굴을 찡그리며 대꾸했다.

"농담이라도 그런 소리 하지 마!"

"사실이라니까."

데이지는 계속 우겨 댔다.

두 여자는 그 곳에 자리를 잡고, 톰과 나를 상대로 한때를 즐기며 지내려고 세련된 기교를 부리고 있을 뿐이었다.

결국 식사가 끝나면 이 밤도 그저 그렇게 끝날 것이다. 이것이 서부에서와는 다른 점이었다.

"데이지, 널 만나면 나는 내가 문명인이 아닌 것 같아."

나는 코르크 냄새가 나는 값비싼 클라레(프랑스 산의 적포도주)를 두 잔째 마시면서 데이지에게 고백했다.

특별한 의미가 없는 말이었는데 톰이 격한 어조로 끼어들었다.

"문명은 지금 무너지고 있어. 나는 무서운 여성해방론자가 되어 버렸네. 자네 고다르라는 남자가 쓴 《유색인 제국의 발흥》이라는 책을 읽은 적이 있나?"

"아니, 없네."

나는 그의 난데없는 질문에 놀라며 대답했다.

"상당한 명작이니까 누구든 꼭 읽어 봐야 해. 그 내용은, 우리가 경계하지 않으면 백색 인종도 결국엔 완전히 멸망해 버린다는 거야. 내용이 모두 과학적으로 입증되어 있어."

"톰은 요즘 사색적이 되어 버렸어요."

데이지가 슬픈 표정으로 말했다.

"무슨 소리인지도 모르는 어려운 책을 읽고 있어요. 그게 뭐였죠? 그 말, 우리들이……."

"과학적인 책이야."

톰은 힐끗 데이지를 바라보면서 강조했다.

"그 고다르라는 자의 노력 덕분이야. 우리들, 지배적인 인종은 경계할 의무가 있네. 그렇지 않으면 다른 인종이 우리의 지배권을 넘보게 된다고."

"우린 그런 인종을 몰아 내야 해."

데이지는 불타는 노을을 향해 한쪽 눈을 찡긋하면서 낮은 목소리로 말했다.

"당신들은 캘리포니아에서 사는 것이 좋아요."

베이커 양이 다른 말을 꺼냈지만, 톰은 몸을 둔하게 움직이며 자기가 하고 싶은 말을 계속했다.

"그 책의 주제는 우리가 북구 인종이라는 거야. 나도 그렇고 자네도, 그리고 당신도, 또……."

그는 약간 주저하는 기색으로 가볍게 고개를 끄덕이며 데이지도 그 안에 포함시켰다. 데이지는 또 나에게 한쪽 눈을 찡긋했다.

"……. 그래서 우리는 문명을 만들어 낸 거야. 과학이나 예술, 그 밖에 모든 것을 말이야. 알아듣겠나?"

열심히 얘기하는 그는 뭔가를 결심한 듯 보였다. 현재에 만족하고 있는 자신을 깨닫고는 이래서는 안 되겠다는 생각을 한 것일까.

그 때 안에서 전화벨이 울렸고 하인이 밖으로 나갔다.

데이지는 얘기가 끊긴 틈을 타 내 쪽으로 몸을 돌리더니 말했다.

"우리 집 비밀을 알려 줄까요?"

그녀는 즐거운 듯 속삭였다.

"저 하인의 코에 대한 얘기예요. 듣고 싶어요?"

"물론. 그 얘기 때문에 멀리서 왔잖아."

"좋아요. 저 사람 예전에는 하인이 아니었대요. 뉴욕의 어떤 집에서 은식기 닦기를 했는데, 그 집엔 200명분이나 되는 식기가 있었대요. 그걸 아침부터 밤까지 닦았다나 봐요. 그 때문에 결국 코가……."

"그래서 건강이 나빠진 거군."

베이커 양이 끼어들었다.

"그래, 건강이 점점 나빠져 결국 그 일을 그만둬야 했대."

마지막 노을이 그녀의 상기된 얼굴에 낭만적으로 비춰졌다.

그녀의 낮은 목소리 때문에 나는 알아들을 수 있도록 숨을 죽이고 몸을 앞으로 숙여야만 했다.

마침내 햇빛은 문 밖에서 놀다 집으로 돌아가는 어린아이처럼 그녀를 내버려 둔 채 사라졌다.

하인이 돌아와서 톰의 귀에 대고 뭐라고 말했다. 그러자 톰은 얼굴을 찡그리며 의자를 밀고 일어나 말없이 안으로 들어갔다.

톰이 자리를 비운 사이 데이지는 마음속에 묻어 둔 어떤 것이 있었던 듯 다시 몸을 앞으로 내밀었다. 목소리가 들떠 있었다.

"우리 집에서 오빠와 함께 식사를 하다니 정말 즐거워요. 닉, 난 오빠를 보고 있으면 생각나는 것이 있어. 바로 장미꽃이에요. 완벽한 한 송이 장미꽃 말이에요. 그렇지 않니?"

그녀는 베이커 양의 동의를 구했다.

"한 송이 완벽한 장미꽃 말이야."

그 말은 거짓말이었다. 나는 조금도 장미꽃 같은 것과는 닮지 않았으니까. 그녀는 입에서 나오는 대로 말했을 뿐이었다.

그러다가 숨을 죽이고 상대방의 가슴에 달라붙으려고 하는 그녀의 마음이 전달되는 것 같아 가슴이 따뜻해졌다.

그러나 그녀는 갑자기 냅킨을 식탁에 내던지더니 잠시 실례하겠다고 말하고는 안으로 들어갔다.

베이커 양과 나는 아무 의미 없는 시선을 잠시 주고받았다.

내가 말을 건네려 하자 그녀는 몸을 일으키며 '쉿' 하고 말했다.

저쪽 방에서 흥분을 감추려는 듯 속삭이는 목소리가 들려오자, 부끄러움도 없는지 베이커 양은 엿들으려고 몸을 앞으로 숙였다.

속삭이던 목소리는 들릴 듯 말 듯 떨리며 낮아졌다가 또다시 커지더니 잠시 후 완전히 그쳐 버렸다.

"당신이 아까 말씀하신 개츠비라는 사람은 바로 나의 이웃입니다."

나는 아까 하려던 말을 꺼냈다.

"가만히 계세요. 난 안에서 무슨 일이 생겼는지 알고 싶으니까."

"무슨 일이 있는 겁니까?"

나는 순진하게 물었다.

"설마, 모른다고요?"

베이커 양이 진심으로 놀라며 물었다.

"모두 다 알고 있는 사실이라 생각했는데."

"뭘 말입니까?"

"저……."

베이커 양이 잠시 망설이다가 말했다.

"뉴욕에 톰의 애인이 있어요."

"여자가 있다구요?"

나는 바보처럼 그녀의 말을 따라 했다.

그녀는 고개를 끄덕였다.

"아무리 그래도, 그 여자 저녁 식사 때는 집으로 전화를 하지 말았어 야 했는데. 그렇게 생각지 않으세요?"

나는 그녀가 한 말을 제대로 다 이해하지 못하고 있었다.

그 때 옷자락 끄는 소리와 톰이 신은 가죽 장화 소리가 들리더니 톰 과 데이지가 식탁으로 돌아왔다.

"어쩔 수가 없었어요!"

데이지가 아주 쾌활한 목소리로 말했다.

그녀는 의자에 앉아서 잠시 베이커 양과 내 눈치를 살피더니, 말을 이었다.

"잠시 바깥을 둘러보았더니 아주 낭만적이지 뭐예요. 잔디밭에 작은 새 한 마리가 앉아 있었는데, 꼭 큐나드 해운 회사나 화이트스타 기 선 회사의 배를 타고 건너온 나이팅게일 같았어요. 열심히 지저귀고 있었거든요……."

그녀의 목소리도 노래하고 있는 것 같았다.

"그렇죠 톰, 낭만적이었죠?"

"응, 아주 낭만적이었어."

톰은 그렇게 대답하고 나서 내게 말했다.

"저녁 식사 후에 자네에게 마구간을 보여 주고 싶은데."

또다시 안에서 전화벨이 요란하게 울렸다.

하지만 데이지가 톰에게 분명하게 고개를 가로저었기 때문에, 마구간 이야기뿐만 아니라 다른 모든 이야깃거리들도 모조리 허공으로 흩어져 버렸다.

그날 저녁, 식사 테이블에서 엉망이 된 마지막 5분 동안에 있었던 작은 사건들 중에서 내가 기억하고 있는 것은, 또다시 촛불을 무의미하게 켰다는 것과, 내 자신 모두 똑바로 바라보고 싶다고 생각하면서도 모두의 눈을 피하고 있었다는 것이다.

냉담한 태도가 몸에 밴 베이커 양조차도 자꾸만 들려오는 전화벨 소리를 모른 척할 수 없었을 것이라는 생각이 들었다. 아무리 그 상황을 흥미진진하게 즐기고 있었다 해도.

나는 본능적으로 전화로 경찰을 불러야겠다는 생각이 들 정도였다.

어색한 분위기 속에서 톰과 베이커 양은 어슬렁거리며 서재로 들어갔고, 나와 데이지는 몇 개의 베란다를 돌아 현관까지 걸어갔다.

그 곳에서 가장 어두운 곳에 있는 긴 등나무 의자에 그녀와 나란히 앉았다.

데이지는 자신의 손으로 얼굴을 감쌌다. 그녀가 금방 울어 버릴 것 같았기 때문에 나는 일부러 어린 딸에 대해서 물었다.

하지만 그녀는 갑자기 다른 말을 했다.

"닉, 우린 서로에 대해서 잘 모르고 있어요. 닉, 당신은 육촌 간이면서도 내 결혼식에 오지 않았어요."

"그 때는 전쟁 중이었잖아."

"그랬나요."

그렇게 말하고 그녀는 뭔가 망설이다가 말했다.

"닉, 난 그 동안 너무 재미없게 살았어요. 그래서 그런지 뭐든 시들해져 버렸어요."

　그녀가 그런 말을 꺼낸 데는 나름의 이유가 있을 것이다. 그래서 나는 그 이유를 듣고 싶었지만 그녀는 더 이상 입을 열지 않았다.

　그래서 나는 조심스럽게 그녀의 딸을 다시 화제에 올렸다.

　"이젠 말도 하겠군. 말도 하고 먹기도 하고 뭐든 다 할 나이지?"

　"네, 그래요."

　그녀는 건성으로 대답했다. 뭔가 다른 일에 마음을 빼앗기고 있는 것처럼 그녀는 멍한 눈으로 나를 바라보았다.

　"닉, 그 애가 태어났을 때 내가 무슨 생각을 했는지 말해 줄까요? 듣고 싶지 않아요?"

　"아니, 듣고 싶어."

　"그 얘길 들으면 내가 어떤 기분이었는지 알 수 있을 거예요. 내가 세상을 어떻게 생각하는지……. 아이를 낳은 지 한 시간도 되기 전에 톰은 어디론가 가 버렸어요. 마취에서 깨어났을 때 난 아주 체념하고 간호사에게 아들인지 딸인지 물었어요. 딸이라고 말하기에 울어 버렸어요. 하지만 '좋아, 여자아이라서 다행이야. 바보 같은 아이라면 좋겠어. 여자아이는 바보인 것이 제일 좋아. 얼굴만 예쁜 바보 아이'라고 생각했어요."

그녀는 또렷하게 말을 이어갔다.

"세상엔 감당할 수 없는 일뿐이라는 생각이 들어요. 앞서가는 사람들은 모두 그렇게 생각할 거예요. 나는 알아요. 여러 곳에서 살아 봤고, 별의별 걸 다 보고, 그리고 모든 일들을 경험했으니까요."

그녀는 톰에게나 어울릴 도전적인 눈빛으로 나를 바라보더니 스스로를 비웃듯 크게 웃었다.

"닳아 버렸어요. 난 정말 닳고 닳아 버렸어요!"

잠시 말이 끊긴 사이, 나는 그녀의 이야기가 근본적으로 속임수라는 기분이 들었다.

그날 밤의 모든 일은 나의 공감을 얻어 내기 위한 술책이 아니었을까 하는 생각을 했다.

아니나다를까, 잠시 후 그녀는 그 귀여운 얼굴로 억지웃음을 지으며 나를 쳐다보았던 것이다.

개츠비의 저택

집 안으로 들어오자 톰과 베이커 양은 긴 의자의 양 끝에 앉아 있었는데, 그녀가 《세터데이 이브닝 포스트》라는 잡지를 톰에게 읽어 주고 있었다.

우리가 들어가자 그녀는 한쪽 손을 들어 우리에게 조용히 있으라는 손짓을 했다.

"다음 호에서 계속됩니다."

베이커 양은 읽던 잡지를 테이블 위에 가볍게 던졌다. 그러고는 의자에서 일어섰다.

"10시군요."

"이 착한 아가씨가 잘 시간입니다. 조던 베이커는 내일 웨스트체스터에서 있는 골프 토너먼트에 출전해야 하니까요."

데이지가 설명했다.

"아아……. 당신이 바로 조던 베이커 양이군요."

그 때에야 비로소 나는 그녀의 얼굴이 왜 눈에 익었는지 알게 되었다. 애시빌이나 호스트 스프링스 등에서 운동 연습을 하는 그녀의 사진을 본 적이 있었던 것이다.

그녀에 얽힌 몇 가지 소문도 들은 기억이 났다. 유쾌하지 못한 이야기였지만 확실하게는 생각이 나지 않았다.

"잘 자요."

베이커 양이 다정하게 말했다.

"8시에 깨워 주지 않겠어요?"

"당신이 일어날 생각이 있다면."

"일어날 거야. 닉, 캐러웨이 씨, 그럼 잘 가세요. 다시 만나요."

"물론 다시 만나야지."

데이지가 당연하다는 듯 베이커 양의 말을 받았다. 베이커 양은 문쪽으로 걸어 나갔다.

"사실은 오빠를 결혼시키려고요. 자주 오세요. 두 사람만의 기회를 만들 테니까요. 두 사람을 실수로 그런 것처럼 벽장 안에 가두거나, 보트에 태워서 바다로 밀어 내든가 할 테니까."

"잘 자."

베이커 양이 계단을 내려가며 큰 소리로 말했다.

"나는 한 마디도 못 들었어."

"저 여자, 괜찮은 여자야."

잠시 후 톰이 말했다.

"이런 식으로 저 여자를 여기저기 돌아다니게 해서는 안 되는데……."

"누가 일부러 그러기라도 하나요?"

데이지가 차갑게 말했다.

"저 여자의 가족들 말이야."

"가족이래야 천년 만년 살 것 같은 큰어머니 한 분인데요. 이제부터는 닉이 돌봐 줄 거예요. 그렇죠 닉? 그녀는 올 여름 여기서 주말을 보낼 거예요. 가정적인 분위기 속에서 생활하는 것도 그녀에게는 도움이 될 거예요."

데이지와 톰은 서로 잠시 바라보았다.

"저 아가씨 뉴욕 출신인가?"

나는 당황스런 마음에 그렇게 물었다.

"루빌 출신이에요. 우리는 처녀 시절을 함께 보냈어요. 우리의 아름답고 청순했던 그 시절……."

"베란다에서 닉한테 무슨 비밀 얘기라도 한 건가?"

느닷없이 톰이 데이지에게 물었다.

"제가 그랬나요?"

데이지는 나를 돌아보며 말했다.

"난 기억 안 나요. 하지만 북구 인종에 대해서 말했던 것 같은데, 그래, 분명히 그랬어요. 어느 사이엔가 그 얘기가 나왔는데, 정신을 차리고 보니……."

"자네, 무슨 말을 들었는지 모르겠지만 믿어서는 안 되네."

톰이 나에게 충고했다.

나는 별로 특별한 얘기를 듣지 못했다고 간단하게 대답하고, 몇 분 뒤 돌아갈 채비를 했다.

두 사람은 현관까지 따라나와 현관에 켜진 사각형 등불 아래 나란히 섰다. 내가 차 시동을 걸었을 때 데이지가 다급한 듯 나를 불렀다.

"잠깐만! 오빠한테 물어 본다는 걸 깜빡했어요. 아주 중요한 일인데. 오빠, 서부에서 약혼했다는 소문을 들었는데 사실인가요?"

"그래, 맞아."

톰도 데이지의 말을 거들었다.

"분명히 자네가 약혼했다는 소문을 들었네."

"그건 헛소문이야. 나 같은 가난뱅이가 무슨 약혼식을 했겠나?"

"하지만 분명 그런 얘기가 있었는데."

그녀는 또다시 활짝 핀 꽃처럼 웃으며 나를 놀라게 했다.

"우리는 그 얘길 세 사람한테서 들었어요. 사실이 아닌가요?"

물론 나도 그 소문을 알고 있었지만 나는 약혼 비슷한 것도 한 적이 없었다. 사실은 동부로 온 이유 중의 하나도 바로 그 소문 때문이었다.

소문이 두려워 오래 사귀던 여자와 헤어질 수도 없었고, 그렇다고 소문에 맞추어 억지로 약혼을 하고 싶지도 않았기 때문이다.

톰 부부가 내 결혼에 대해서 관심을 가지고 있는 것은 고마운 일이었다. 하지만 나는 운전을 하면서 좀 혼란스러워졌다. 기분이 썩 좋지 않았다.

데이지가 선택할 수 있는 길은 딸아이를 데리고 그 집을 나와 버리는 것밖에 없다는 생각이 들었지만, 그녀는 전혀 그럴 생각이 없어 보였다.

톰이 '뉴욕에 또 다른 여자를 숨겨 두고 있다'는 사실보다 더 놀라운 것은 그가 책을 읽는다는 사실이었다.

건강하고 단단한 육체가 이제는 마음의 양식이 되지 않는다는 것을 깨달은 것 같았다.

벌써 여관들의 지붕이나 길가, 자동차 정비소 앞에는 자동차 여행객들을 위한 준비가 한창이었다. 빨갛게 새로 칠한 가솔린 펌프가 둥그런 전등 불빛 아래 드러나 보였다.

나는 웨스트에그의 내 집에 도착해 잠시 정원에 내팽개쳐져 있던 제초기 위에 앉았다.

바람이 불어와 나무들이 서로 부딪치는 소리를 냈고, 한 마리의 고양이가 달빛 속을 그림자처럼 휙 지나갔다.

그 고양이를 자세히 보려고 고개를 돌렸을 때, 나는 1.5킬로미터 정도 떨어진 이웃집 저택의 잔디 위에서 한 남자가 양손을 주머니에 찔러 넣고는 은모래를 뿌린 듯한 밤하늘을 바라보고 있는 모습을 보았다.

부드러운 태도, 침착하게 잔디를 밟고 서 있는 그 사람은 개츠비임에 틀림없었다.

아마 자기 집 주변을 둘러보러 나왔을 것이다.

나는 그에게 말을 걸어 보고 싶었다. 베이커 양이 저녁 식사 때 그에 대한 얘기를 했기 때문이다. 그러나 나는 말을 걸지 않았다.

왜냐하면 그는 혼자 있는 것에 매우 만족해하는 듯한 모습으로 서 있었기 때문이다. 그는 어두운 바다를 향해 기묘한 자세로 양손을 뻗었다.

나는 그가 서 있는 곳에서 좀 떨어져 있긴 했지만, 아무리 봐도 그는 몸을 떨고 있는 것 같았다. 바다에 무엇이 있는 것일까.

나도 바다 쪽을 바라보았다.

그러나 그가 바라보는 곳에는 아무것도 없었다. 작은 선창의 끝부분처럼 보이는 곳에는 녹색 전등 하나만이 켜져 있을 뿐이었다.

다시 한번 개츠비의 모습을 찾았을 때 이미 그는 그 자리에 없었다. 나는 다시 홀로 남게 되었다.

톰의 애인

웨스트에그와 뉴욕의 중간쯤에서 자동차 도로와 철로가 갑자기 합쳐져, 약 400미터 정도 나란히 가는 길이 있다.

그 주변은 잿빛 평원이다. 그 곳은 수많은 능선이나 작은 언덕 혹은 재로 덮인 기괴한 모양의 돌들로 이루어져 있다.

그 잿빛 땅과 그 위를 끊임없이 떠다니는 부유스름한 먼지의 소용돌이 위로, 에클버그 박사의 눈이 광고판 가득 커다랗게 그려져 있는 것이 보인다.

박사의 눈은 푸르고 굉장히 크다. 눈은 있어도 얼굴은 없다. 코 주위를 덮고 있는 거대한 노란 안경 속에 두 눈이 그려져 있다.

어떤 안과 의사가 퀸즈 지역의 환자들을 끌어모으려고 익살맞게 그린 광고 간판이겠지만 지금은 아무도 돌보지 않는다.

하지만 페인트 칠이 다 벗겨지고 햇빛에 바랜 두 눈동자만은 오랜 세월 동안 잿빛 쓰레기장을 내려다보고 있다.

잿빛 평야의 한쪽에는 작고 더러운 개천이 흐르고 있다. 그 위에 걸쳐진 다리는 거룻배가 지나갈 때마다 30분씩 기차 승객들을 기다리게 만들었다.

내가 톰 부캐넌의 애인과 처음으로 만난 것도 그 때였다.

톰에게 애인이 있다는 사실은 그의 이름이 알려진 곳이라면 어디서든 재미난 화젯거리가 되었다.

톰을 아는 사람들 대부분은 그가 그 여자를 데리고 유명한 카페에 나타나, 혼자서만 이 사람 저 사람과 떠들어 대는 것을 볼썽사납게 생각하고 있었다.

나도 '어떤 여자일까' 하는 호기심은 있었지만 특별히 만나고 싶다는 생각은 하지 않았다. 그런데 만나게 된 것이다.

어느 날 오후 나는 톰과 함께 열차를 타고 뉴욕에 갔다. 열차가 그 잿빛 평원 다리 앞에서 멈추었을 때, 톰은 급하게 일어나더니 내 팔을 잡아끌었다.

"여기서 내리자."

"……"

"자네한테 내 여자를 보여 주고 싶어."

그는 술을 마신 듯했다. 나와 같이 가자고 팔을 잡아끄는 그의 행동은 폭력이나 마찬가지였다. 일요일 오후, 특별한 일이 없을 것이라는 추측으로 나를 잡아끈 것이겠지만.

나는 그의 뒤를 따라 에클버그 박사의 집요한 응시를 받으며 약 100미터 정도 걸었다. 앞쪽에 노란색 벽돌 건물이 하나 보였다. 이 잿빛 평야에 자리 잡고 있는 유일한 건물이었다.

그 건물 안은 세 칸으로 나누어져 있었는데, 한 칸은 '임대 점포'라는 팻말이 붙어 있었고, 다른 한 칸은 밤새워 영업하는 레스토랑이었다.

마지막 한 칸은 자동차 정비소였다. 거기에는 '자동차 수리. 조지 윌슨. 자동차 매매'라고 씌어 있었다.

나는 톰을 따라 그 안으로 들어갔다.

안은 초라하고 썰렁했다. 한 구석에 먼지를 뒤집어쓴 고물 포드 자동차 한 대가 있었다. 나는 쓰레기장 같은 이 정비소는 남을 속이기 위한 겉치레일 뿐, 계단 위에는 분명 화려하고 낭만적인 방이 있을 것이라고 생각했다.

그 때, 가게 주인이 누더기 조각으로 손을 닦으며 나타났다. 금발 머리였는데 빈혈증이 있는지 얼굴에 생기가 없었다.

우리를 보자 그의 눈이 희망으로 가득 찼다.

"야아! 오랜만이네요, 윌슨 씨."

"장사는 잘 되나?"

"영 형편없습니다."

윌슨은 자신감 없는 목소리로 대답했다.

"나리, 언제 그 차를 파실 생각입니까?"

"다음 주에. 지금 사람을 시켜 수리하는 중이야."

"상당히 오래 걸리는군요. 그렇지 않아요?"

"아니, 그렇지 않아."

톰이 딱 잘라 말했다.

"자네가 그렇게 생각한다면 그 차는 다른 가게에 파는 것이 좋을 것 같네."

"그런 뜻으로 말씀드린 건 아닙니다."

윌슨은 서둘러 변명했다.

"저는 단지……."

윌슨이 기어들어가는 목소리로 말했고, 톰은 누군가를 찾는 듯 가게 안을 힐끔힐끔 둘러보았다.

그 때 계단에서 발소리가 나더니 잠시 후 약간 살이 찐 30대 중반의 여자가 나타났다. 그 여자는 약간 뚱뚱하긴 했지만 성적인 매력이 있어 보였다.

물방울 무늬가 찍힌 군청색 드레스를 입고 있는 그녀의 얼굴은 미인이라고 말하기는 어려웠지만, 몸놀림에는 활기가 있었다.

마치 몸 속에서 무엇인가가 끊임없이 불타고 있는 듯했다.

그녀는 자기 남편인 윌슨은 무시한 채 톰에게 다가가 악수를 나누면서 그의 얼굴을 똑바로 쳐다보았다.

그러고는 얼굴도 돌리지 않은 채 부드럽고 허스키한 목소리로 남편에게 말했다.

"의자라도 가지고 오는 게 어때요? 그래야 손님들이 앉지요."

"응, 그러지."

윌슨은 급히 대답하고 나서 의자를 가지러 갔다. 그가 입고 있는 검은 옷도 머리털도 그 근처의 모든 것과 마찬가지로 희뿌연 잿가루를 뒤집어쓰고 있었다.

그의 아내가 톰에게 다가섰다.

"만나고 싶은데."

톰이 은근하게 말했다.

"다음 기차를 타도록 해요."

"좋아요."

"길 아래쪽의 신문 파는 가게에서 기다리겠소."

그녀가 고개를 끄덕이며 톰에게서 떨어지자, 바로 그 때 윌슨이 의자 두 개를 가지고 나타났다.

우리는 가게를 나와 기차역으로 갔고, 기다리기로 한 장소에서 그녀가 오기를 기다렸다.

앙상하게 마른 잿빛의 이탈리아계 꼬마가 철로 위에서 딱총 알을 가지고 놀고 있었다.

"지독한 곳이지?"

미간을 찌푸리며 에클버그 박사를 바라보던 톰이 말했다.

"사람 살 곳이 아니군."

"여기를 뜨는 것이 그 여자의 건강을 위해서도 좋아."

"남편은 모르나?"

"윌슨 말인가? 그자는 마누라가 뉴욕에 사는 여동생을 만나러 가는 거라고 알고 있어. 그자는 자기가 살았는지 죽었는지도 모를 정도로 멍청이야."

이렇게 해서 나는 톰 부캐넌과 그의 애인과 함께 뉴욕으로 갔다. 기차 안에서 함께 앉아 가지는 않았다.

윌슨의 아내는 조심하느라고 다른 칸에 탔다. 톰은 같은 열차에 타고 있을지도 모르는 이스트에그 사람들을 경계하고 있었다.

그녀는 갈색무늬의 모슬린 드레스로 갈아입고 있었는데, 톰과 함께 뉴욕 기차역에 내려설 때 보니, 큰 엉덩이에 그 드레스가 꽉 끼어 거북해 보였다.

우리는 택시를 타고 혼잡한 역을 빠져 나가 햇빛 속으로 미끄러져 들어갔다. 차창가에 앉았던 그녀가 밖을 내다보더니 갑자기 말했다.

"저 개를 한 마리 갖고 싶어요."

그녀는 간절하게 말했다.

"우리 아파트에서 기를 수 있는 개가 한 마리 있었으면 좋겠어요."

우리는 우습게도 존 록펠러(미국의 자본가)를 많이 닮은 백발 노인이 있는 곳까지 차를 후진시켰다.

노인의 목에 매달린 바구니 안에는 종류를 알기 어려운 강아지 10마리가 웅크리고 있었다.

"그 강아진 어떤 종류예요?"

차창으로 다가온 노인을 향해 윌슨의 아내가 성급하게 물었다.

"어떤 종류든 다 있습니다. 어떤 종류를 원하십니까, 부인?"

"경찰견 같은 것이 필요해요. 그런 건 없지요?"

노인은 자신 없는 얼굴로 바구니 안을 들여다보더니 강아지 한 마리를 집어 올렸다.

"그놈은 경찰견이 아니야."

톰이 말했다.

"그래요, 진짜 경찰견은 아니지요."

노인은 낙심한 듯 말했다.

"이놈은 에어데일 계통에 가깝지요."

노인은 한 손으로 개의 부드러운 갈색 등을 쓰다듬었다.

"어떻습니까? 이 털 좀 보세요. 굉장하지요. 이런 개는 감기에 걸려 주인을 귀찮게 하는 그런 개가 아닙니다."

"귀엽군요."

윌슨의 아내는 그 강아지를 몹시 탐냈다.

"그거 얼마예요?"

"이 개 말입니까?"

노인은 기분이 좋아진 듯 강아지를 바라보았다.

"부인이라면 10달러에 드리겠습니다."

그 에어데일은 이제 주인이 바뀌어 윌슨의 아내 무릎 위에 앉아 있었다. 그녀는 털을 만지작거리고 있었다.

"암컷이에요, 수컷이에요?"

그녀가 노인에게 물었다.

"그 개 말입니까? 수놈입니다."

"그건 암캐야."

톰이 분명하게 말했다.

"이 돈 받으시오. 이거면 개 10마리는 살 수 있을 거요."

셈이 끝난 우리는 5번가 쪽으로 차를 달렸다. 그 일요일 오후는 따뜻하고 평온했다.

"세워 주게."

나는 톰에게 말했다.

"난 여기서 이만 헤어져야겠네."

"아니야. 그건 안 돼."

톰이 서둘러 내 말을 막았다.

"자네가 아파트까지 함께 안 가면 머틀이 기분 나쁘게 생각할 걸세. 그렇지, 머틀?"

머틀이 그녀의 이름인 모양이었다.

"함께 가요."

그녀도 권했다.

"여동생 캐서린에게 아파트로 오라고 전화하겠어요. 알 만한 사람들은 제 동생을 굉장한 미인이라고 해요."

"글쎄, 가고 싶긴 하지만……."

택시는 그대로 달려서 센트럴 파크를 건너 서쪽 100번가를 향했다.

차가 멈춘 곳은 158번가의 가늘고 긴 흰 케이크처럼 보이는 아파트들 중 한 동 앞이었다.

윌슨의 아내는 먼 여행에서 돌아오기라도 한 듯 주위를 한번 둘러본 후, 거리에서 산 개와 잡다한 물건들을 가지고 거만하게 엘리베이터 안으로 들어섰다.

"난 머키 부부도 부를 생각이에요."

엘리베이터를 타고 올라가면서 그녀가 말했다.

"물론 여동생한테도 전화하고요."

그녀의 아파트는 맨 위층에 있었다. 작은 거실과 식당, 침실, 그리고 욕실이 있었다.

거실에는 아무래도 너무 큰 듯한 가구들이 들어차 있었다.

여기저기 돌아다니면, 베르사유 궁전의 정원에서 귀부인들이 그네를 타고 있는 그림이 그려져 있는 양탄자 위로 넘어질 것 같았다. 그림다운 것은 하나도 없었고 커다란 사진 하나만이 벽에 걸려 있었다.

테이블 위에는 묵은 《타운 태틀》지 몇 부와 《피터라고 불린 시몬》(로버트 키블이 쓴 당시의 베스트셀러 소설)이라는 책, 그리고 브로드웨이의 더러운 소문들을 까발린 잡지가 몇 권 놓여 있었다.

그녀는 사 온 개의 먹이와 잠자리를 준비하느라고 바빴다. 톰은 열쇠를 걸어 두었던 화장대 문을 열고 위스키 병을 꺼냈다.

나는 지금까지 일생에 두 번 취한 적이 있는데, 그 두 번째가 그날 오후였다. 아파트 창문으로는 오후 8시가 넘도록 기분 좋은 햇빛이 들어왔지만, 그 때 일어난 일들은 안개 속의 일처럼 가물가물하기만 했다.

윌슨의 아내는 톰의 무릎 위에 앉아서 몇 사람에게 전화를 걸었다. 나는 담배가 없어서 모퉁이에 있는 약국으로 담배를 사러 나갔다.

약국에서 돌아와 보니 두 사람은 거실에 없었다. 나는 눈치를 채고 거실에 조용히 앉아 《피터라고 불린 시몬》을 펼쳐 들었다.

하지만 형편없는 문장 때문이었는지 위스키 때문이었는지 도무지 이해할 수가 없었다.

톰과 머틀, 내가 그들을 그렇게 부른 것은 술 한 잔씩 들어가고부터 윌슨의 아내도 나의 이름을 부르기 시작했을 때였다.

톰과 머틀이 거실 밖으로 나오고, 그 때부터 초대한 사람들이 도착하기 시작했다.

머틀의 동생 캐서린은 날씬하고 저속해 보이는 30세 안팎의 여자로, 붉은색 단발머리에 허옇게 분칠을 한 얼굴로 도착했다.

그녀가 몸을 움직일 때마다 양팔에서 사기 팔찌가 달그락거리며 계속 소리를 냈다.

그녀가 자기 집처럼 스스럼없는 태도로 들어서서는 가구들을 둘러보았기 때문에, 처음에 나는 그녀가 이 집에 사는 여자가 아닐까 생각했다. 그 여자는 여자 친구와 함께 호텔에 살고 있었다.

머키라는 남자는 아래층에 사는 사람이었다.

그는 광대뼈 위에 비누 거품이 하얗게 말라붙어 있는 것도 모르고 있었다. 그는 방 안에 있는 사람들에게 아주 정중하게 인사를 했다.

자신을 '예술에 관계하는 사람'이라고 소개했는데, 나중에 보니 사진사 같았다. 벽에 걸려 있는 확대 사진도 그가 찍은 것 같았다.

그의 아내는 미인이었지만 목소리에서는 쇳소리가 났다. 금방 싫증이 나는 여자였다.

결혼하고 나서도 남편은 자기를 모델로 127번이나 사진을 찍었노라고 자랑을 늘어놓았다.

윌슨의 아내는 조금 전에 옷을 갈아입었는데, 이번에는 크림색 모슬린 드레스로 바꾸어 입었다. 그녀가 방 안을 빠르게 걸을 때마다 옷에서 계속 사각사각 소리가 났다.

그 옷 덕분에 그녀는 사람이 달라져 보였다. 윌슨의 정비소 안에서 보았던 넘치는 활기는 이제 교만함으로 바뀌어 있었다. 웃음소리도, 몸짓도, 주장을 굽히지 않는 말투도.

마침내 그녀는 삐걱거리며 돌아가는 회전 축 위에 올라앉은 듯 시끄럽게 떠들기 시작했다. 그녀는 날카롭고 잘난 체하는 목소리로 캐서린에게 말을 걸었다.

"대부분의 그런 패거리들은 말이지, 기회만 있으면 상대방을 속이려 드는 거야. 돈밖에 모르니까. 지난 주에도 발을 진찰해 주는 여자를 불렀는데, 청구서를 보니까 맹장 수술비 정도는 되더라니까."

"그 여자 이름이 뭐였어요?"

머키의 아내가 물었다.

"미세스 에버하트. 집에까지 와서 발을 봐 주는 여자야."

"당신의 그 드레스, 멋지군요."

머키의 아내가 말했다.

"정말 매력적이에요."

윌슨의 아내는 게슴츠레하게 눈을 뜬 채 그녀의 칭찬에 얼른 반응을 보였다.

"이건 낡은 옷이야. 옷차림에 신경 쓸 필요가 없을 때 가끔씩 걸치는 옷일 뿐이라고."

"하지만 당신이 입고 있으니까 멋지게 보여요. 이건 정말 괜히 하는 소리가 아니에요."

머키의 아내가 우겼다.

"만약 그런 차림의 당신을 체스터가 찍기만 하면 아마 좋은 작품이 될 거예요."

우리는 묵묵히 윌슨의 아내를 보았다. 머키는 고개를 갸우뚱거리며 그녀를 찬찬히 바라보았다.

"광선을 바꿔야만 해. 얼굴 윤곽은 분명한 게 좋아. 뒤쪽 머리카락도 전부 담아야겠어."

"광선을 바꿀 필요는 없어요."

머키 부인이 큰 소리로 말했다.

"나는 차라리……."

그녀의 남편이 '쉿!' 하고 말했기 때문에 모두의 시선이 머틀에게 집중되었지만, 톰 부캐넌이 크게 하품을 하며 자리에서 일어났다.

"머키 씨 부부도 뭘 좀 마시는 게 어떻겠소?"

"머틀, 얼음하고 미네랄워터 좀 가져와요. 우물쭈물하다간 모두 잠들

겠어요.”

“얼음은 아까 심부름하는 아이한테 말해 두었어요.”

머틀은 하층 계급의 게으름에는 진절머리가 난다는 듯 눈썹을 추켜세우며 말했다.

“어쩔 수 없어, 그런 인간들은! 늘 다그치지 않으면 안 된다니까.”

그녀는 나에게 의미 없는 미소를 보내더니, 많은 요리사들이 명령을 기다리고 있기라도 한듯 서둘러 부엌으로 들어갔다.

“저는 롱아일랜드에서 근사한 사진을 몇 장 찍었습니다.”

머키가 말을 꺼냈다. 톰은 무표정하게 그를 바라보았다.

“그 중에서 두 장은 액자에 넣어서 아래층에 두었지요.”

“어떤 사진인가요?”

톰이 물었다.

“습작입니다. 하나는 ‘몬토크 갑-갈매기들’ 이라는 제목을 붙였고, 또 하나는 ‘몬토크 갑-바다’ 라는 겁니다.”

머틀의 여동생 캐서린이 나와 나란히 긴 의자에 앉았다.

“당신도 롱아일랜드에 살고 있나요?”

그녀가 물었다.

“네, 웨스트에그입니다.”

“정말이세요? 전 바로 한 달 전에 거기서 열린 파티에 갔었어요. 개츠비 씨 집에서 열린 파티지요. 혹시 그 분을 아시나요?”

“바로 우리 옆집입니다.”

“그래요? 빌헬름 황제의 조카라든가 사촌이라든가 그렇대요. 그 사람, 돈도 모두 그 곳에서 온다고 하더군요.”

“정말입니까?”

하고 내가 묻자 그녀가 고개를 끄덕였다.

"그런데 왠지 기분이 나빠요. 그런 사람에게 걸리면 큰일이지요."

그러나 내 이웃에 관한 이 흥미진진한 정보는 중단되고 말았다. 캐서린이 갑자기 다른 말을 했기 때문이다.

"톰과 머틀, 두 사람은 말이에요, 양쪽 다 지금 결혼해서 살고 있는 상대에 대해서 신물이 났어요."

"그래요."

"나 같으면, 그렇게 싫으면 이혼하고 함께 살 텐데."

캐서린이 목소리를 낮추더니 계속 말했다.

"저 두 사람을 떼어놓는 사람은 톰의 부인이에요. 부인은 가톨릭 신자예요. 가톨릭 신자는 절대로 이혼하면 안 되잖아요."

데이지는 가톨릭 신자가 아니다. 나는 그 거짓말에 약간 놀랐다.

창에 비친 늦은 오후의 하늘은 지중해의 푸른 바다색을 연상시켰다. 그 때 사람들은 거의 위스키에 취해 있었다.

캐서린만은 예외였다. 나는 밖으로 나가 센트럴파크의 황혼 속을 걷고 싶었지만, 자꾸만 형편없는 말시비에 걸려들어 도로 주저앉았다.

머틀이 자기 의자를 내 의자 옆으로 끌어당기더니 후끈한 입김을 토해 가면서 톰과 처음 만났던 얘기를 늘어놓기 시작했다.

"서로 마주 보고 앉게 되어 있는 2인용 작은 의자에서였어요. 그 자리는 그 열차에서 늘 마지막까지 비어 있는 자리죠. 난 뉴욕에 가서 여동생을 만나고 그날 밤은 여기서 보낼 생각이었어요.

톰은 야회복을 입고 에나멜 구두를 신고 있었는데, 난 그에게서 눈을 뗄 수가 없었어요. 난 완전히 흥분해서 그와 함께 택시를 탔지만 '어차피 영원히 사는 건 아니니까, 영원히 사는 건 아니니까' 라는 생각이 들었지요."

머틀이 머키 부인을 돌아보며 크게 웃었다.

"이것 봐요."

그녀가 들뜬 목소리로 외쳤다.

"이 드레스를 벗는 대로 당신한테 줄게요. 내일 또 다른 걸 사야 하니까. 맞아. 사야 할 물건을 전부 목록에 적어야지. 마사지하고, 파마를 하고, 그리고 개 목걸이, 스프링이 달린 작고 예쁜 재떨이, 또 엄마 무덤 앞에 놓을 검은 실크 리본이 달린 화환. 잊어버리면 안 되니까 사야 할 물건을 모두 적어 놓아야 해."

그 때가 밤 9시였다. 그런데 잠시 후 시계를 보니까 10시였다. 시간은 빨리도 지나갔다.

머키는 행동파 인간처럼 두 주먹을 무릎 위에 얹은 채 잠들어 있었다. 나는 손수건을 꺼내서 그의 뺨에 말라붙은 비누 거품 얼룩을 닦아 주었다. 오후 내내 그것이 거슬렸었다.

한밤중이 되었을 때 톰과 머틀은 서로 마주 보고 서서, 그녀에게 데이지의 이름을 입에 올릴 권리가 있다, 없다 하면서 열띤 목소리로 싸움을 시작했다.

"데이지! 데이지! 데이지!"

머틀이 소리쳤다.

"말하고 싶을 때는 언제든지 이름을 부를 거야. 데이지! 데이……."

톰이 재빠르고 익숙한 동작으로 그녀의 코를 때렸다. 이어, 몇 장의 피 묻은 타월과 여자들의 비명 소리, 그 소리를 압도하는 울부짖음이 들려왔다.

여자들은 의료용품을 들고 왔다갔다 정신이 없었고, 머틀은 피를 뚝뚝 흘리면서도 베르사유 궁전이 그려진 양탄자 위에 신문지를 덮으려고 했다.

잠에서 깬 머키가 밖으로 나가 버리자 나도 모자를 집어 들고 그 뒤를 따라나섰다.

"언제 식사하러 안 오시겠소?"

엘리베이터 속에서 머키가 말을 꺼냈다.

"어디서요?"

"어디서든."

"레버에 손을 대지 마세요."

엘리베이터 보이가 쏘아붙이듯 말했다.

"이거 실례했소."

머키가 점잖게 말했다.

"네, 기꺼이 가지요."

나는 그의 청을 받아들였다.

그의 집으로 가서 나는 그의 사진첩을 둘러보았다. '미녀와 야수', '고독', '식료품 가게의 늙은 말', '브루클린 다리'…….

나는 펜실베이니아 역의 차가운 벤치에 누워 반쯤 잠든 채, 《트리뷴》지 조간을 들여다보며 4시 기차를 기다렸다.

개츠비 정원에서의 파티

여름, 옆집 개츠비의 저택에서는 매일 밤 흥겨운 음악이 흘러나왔다. 남녀들은 밤하늘을 날아다니는 나방처럼 움직였고, 그들의 속삭임 소리와 샴페인 터지는 소리가 들려왔다.

오후 노을이 질 무렵에는 손님들이 다이빙대인 전망대에서 물로 뛰어내리거나 저택의 뜨거운 모래 위에서 햇볕을 쬐는 모습이 보였다.

한편 그의 모터보트는 파도타기 판을 끌면서 파도를 가르며 달리고 있었다.

주말에는 그의 롤스로이스가 아침 9시부터 한밤중까지 뉴욕을 왕복하며 파티 손님들을 실어 날랐고, 스테이션 왜건도 열차가 도착할 때마다 역으로 마중을 나갔다.

그리고 월요일에는 12명이나 되는 하인들이 걸레와 수세미, 망치, 정원용 가위 등을 들고 주말의 파티 현장을 정리하며 돌아다녔다.

금요일마다 다섯 상자의 오렌지와 레몬이 뉴욕의 과일 가게로부터 배달되었다. 월요일에는 반으로 잘린 오렌지와 레몬 껍질들이 산더미처럼 쌓여 저택의 뒷문을 통해 운반되어 나갔다.

부엌에는 엄지손가락으로 버튼을 200번 누르면 30분 만에 200개의 오렌지 즙을 짜낼 수 있는 기계가 갖추어져 있었다.

테이블에는 눈부시게 화려한 오르되브르와 향신료를 뿌려 구운 햄, 오색으로 만든 샐러드, 황금색 옷을 입은 돼지와 칠면조 모양의 파이 등이 잔뜩 쌓여 있었다.

또한 구별하기 어려운 각종 술들이 즐비하게 놓여 있었다.

7시에는 오케스트라가 도착했는데, 다섯 가지 악기 정도로 구성된 초라한 악대가 아니었다. 오보에, 트럼펫, 색소폰 등 각종 관악기에 여러 가지 현악기, 클라리넷, 피콜로, 그리고 고음과 저음을 내는 드럼까지 갖춘 악대였다.

오케스트라가 선정적인 혼합곡을 연주하자 긴장은 시시각각 풀어지고 사람들은 왁자하게 웃어 대기 시작했으며, 자신감에 찬 여자들은 사람들 사이를 누비고 다녔다.

집시 처녀 하나가 단상 위로 뛰어올라가더니 춤을 추기 시작했다. 오케스트라는 그녀의 움직임에 리듬을 맞추었다. 이제 바야흐로 파티가 시작된 것이다.

내가 처음으로 개츠비의 파티에 참석했을 때, 나는 개츠비의 초대를 받고 온 손님은 몇 명에 불과하다는 사실을 알았다.

　대부분의 사람들은 초대되지 않은 사람들이었다. 어찌어찌하다 개츠비의 집에까지 오게 된 것이었다.

　이 곳까지 오게 되면 개츠비를 알고 있는 누군가가 그를 맞아 주기만 하면 되었다. 그 이후로는 유원지에서와 마찬가지로 지킬 것만 지키면 그만이었다.

　그렇게 파티에 참석한 사람은 파티가 끝날 때까지 개츠비의 얼굴을 한번도 보지 못하는 경우도 있다.

　하지만 나는 정식으로 개츠비에게 초대받아 간 손님이었다. 그 토요일 아침 푸른색 옷을 입은 운전사가 주인인 개츠비의 편지를 가지고 내게 직접 왔다. 놀라울 정도로 격식을 차린 편지였다.

　그날 밤 자기 집에서 열리는 보잘것없는 파티에 참석해 주면 더없는 영광이라고 씌어 있었다.

　몇 번인가 얼굴을 보았고, 오래 전부터 방문하고 싶었지만 이런저런 사정이 겹쳐서 그러지 못했다는 내용도 덧붙여져 있었다. 맨 끝에는 당당한 필체의 개츠비 서명이 있었다.

　7시가 좀 지나 흰 플란넬 옷을 차려입은 나는 그의 저택으로 가서, 알지도 못하는 사람들 틈에 끼어 어색하게 주변을 배회했다. 영국인들도 꽤 많이 눈에 띄었다.

　그들은 누구나 할 것 없이 훌륭한 옷차림이었지만, 무엇인가가 약간 부족해 보였으며, 부자처럼 보이는 미국인들을 상대로 채권이든 보험이든 자동차든 팔 수 있는 모든 것을 팔고 있었다.

　그들은 이 파티에서는 돈이 아주 간단하게 움직인다는 것을 알고 있었으며, 말만 잘하면 그 돈이 자기 돈이 될 것이라 믿고 있었다.

　나는 도착하자마자 개츠비를 찾으려고 했다. 두세 사람에게 개츠비가 어디 있는지 물었지만, 그 사람들은 이상한 얼굴로 나를 바라보며 모른다고 대답했다.

도무지 어색해서 참을 수가 없었다. 그 때 조던 베이커 양이 집 안에서 나와 대리석 돌계단 위에 섰다.

"안녕하십니까!"

나는 그녀 쪽으로 다가가며 큰 소리로 인사했다.

"당신이 왔을지도 모른다는 생각을 했어요."

내가 다가가자 그녀는 그렇게 말했지만, 마음은 딴 곳에 있는 듯했다.

"댁이 바로 옆집이라고 했던 게 생각나서요."

그녀는 곧 내 친구가 되어 주겠다는 듯이 기계적으로 내 손을 잡았다. 그 때 노란 드레스의 두 여자가 돌계단 아래에 나타났다.

"안녕!"

두 여자가 함께 소리쳤다.

"지난 번에 당신이 이기지 못해 유감이에요."

그것은 골프 시합에 관한 이야기였다. 베이커 양은 지난 주 결승전에서 패한 것이다.

베이커 양은 황금빛이 도는 날씬한 팔을 가볍게 내 팔에 끼고는 계단을 내려가서 여기저기를 돌아다녔다.

노란색 드레스를 입은 두 여자와 어울리는 세 남자가 보였다. 남자들은 각각 자기 소개를 했다.

"자기가 무슨 행동을 하는지 일일이 신경 쓰지 않아도 되니까 난 언제나 즐거워. 지난 번에 왔을 때도 가운이 의자에 걸려 찢어졌는데, 그 사람이 내 주소와 이름을 물었어. 그랬는데 일주일도 되기 전에 새 이브닝 가운이 배달된 거야."

노란색 드레스를 입은 여자 중 한 여자가 말했다.

"루실, 그걸 받았단 말이에요?"

베이커 양이 물었다.

"물론이죠. 오늘 밤 입고 오려고 했는데 가슴 부분이 너무 커서 줄여야 해요. 라벤더색 구슬이 달린 파란 가스빛 가운인데, 265달러나 되는 거예요."

"그런 행동을 하는 사람 뭔가 좀 이상하지 않아?"

루실의 옆자리에 있던 또 한 여자가 입을 열었다.

"그 사람은 누구하고도 문제를 만들고 싶지 않은 거야."

"그 사람이 누굽니까?"

내가 물었다.

"개츠비예요. 누군가에게 들었는데……."

두 여자와 베이커 양은 비밀 얘기를 나누듯 몸을 바짝 붙였다.

"어떤 사람한테 들었는데, 그 사람 아무래도 예전에 사람을 죽인 적이 있는 것 같다고 하던데."

그 얘기를 듣는 순간 우리 모두는 공포를 느꼈다.

"그 정도로 끔찍한 일을 저질렀다는 것은 믿을 수 없어."

루실이 의심스럽다는 듯 말했다.

"그보다는 전쟁 중에 독일 스파이였을 가능성이 더 높아."

세 남자 중 한 사람이 고개를 끄덕였다.

"그 사람에 대해서라면 속속들이 알고 있다는 사람이 그러는데, 그 사람과 독일에서 함께 자랐다는군요."

그는 구체적으로 그 소문을 입증하듯 말했다.

"어머, 그렇지 않아요. 그는 전쟁 중에 미국에 있었는걸요."

루실의 옆자리에 앉아 있는 여자가 말했다.

"가끔 그 사람이 아무도 자신을 보고 있지 않다고 생각할 때의 얼굴

표정을 보세요. 사람을 죽인 것이 분명해요."

그녀는 몸을 떨었고 루실도 몸서리를 쳤다. 우리는 개츠비가 그 주변 어딘가에 있는 건 아닌가 해서 주변을 둘러보았다.

첫 번째 저녁 식사가 시작되었다. '첫 번째'라는 것은 자정이 지나면 또 한 번의 식사가 나오기 때문이다.

베이커 양은 자기 동료들과 함께 식사하도록 나를 불렀다.

"밖으로 나가지 않을래요?"

식사가 시작되고 반 시간 정도 지났을 때 베이커가 작은 목소리로 말했다.

베이커와 나는 바를 둘러보았지만 개츠비는 거기에도 없었다.

무심코 우리는 호화스러운 문을 열어 보았다. 그 곳은 천장이 높은 고딕풍의 서재였다.

벽은 조각이 된 영국제 참나무로 되어 있었는데, 꼭 해외의 낡은 저택 서재를 그대로 옮겨 온 듯했다.

그 서재 안에는 올빼미 눈같이 큰 안경을 쓴 뚱뚱한 중년 남자가 큰 책상 끝에 앉아 있었다. 우리가 들어가자 남자는 흥분한 얼굴로 우리를 뚫어져라 쳐다보았다.

"자네들은 어떻게 생각하나?"

남자가 갑자기 입을 열었다.

"뭘 말이에요?"

남자는 책꽂이 쪽을 손으로 가리켰다.

"저것 말일세. 전부 진짜야. 진짜 책이라고. 자네들까지 일부러 확인할 필요는 없네. 내가 다 확인했어."

"저 책들 말입니까?"

그는 고개를 끄덕였다.

"틀림없는 진짜야. 페이지도 모두 있고. 난 그저 보기 좋은 두꺼운 종이를 꽂아 둔 줄 알았는데. 그런데, 이건 진짜야. 자, 보여 주지."

그가 스토다드(미국의 여행가)의 《강의록》 제1권을 들고 왔다.

"보라고!"

그는 의기양양하게 책을 내밀었다.

"진짜 인쇄물이야. 깨끗하게 속았어. 이 집 주인은 꼭 벨라스코(미국의 극작가, 연출가. 독특한 무대 장치와 조명으로 유명함) 같은 놈이야. 대단해."

그는 내 손에서 그 책을 빼앗듯이 가져가더니 다시 제자리에 꽂아 두었다. 우리는 그와 악수를 나누고는 서재 바깥으로 나왔다.

이제 정원의 천막 안에서는 댄스가 시작되고 있었다. 한밤중이 되자 모두가 흥분한 듯했다. 어느덧 달은 높이 떠오르고 해협에 부서지는 달그림자가 흐릿하게 보였다.

나는 그 때까지 베이커와 함께 있었다. 나도 이젠 거리낌없이 그 파티를 즐기고 있었다.

여흥이 가라앉자 옆에 있던 남자가 나를 돌아보며 미소지었다.

"당신을 어디선가 만난 적이 있는 것 같은데요."

그가 정중하게 말했다.

"전쟁 중에 제1사단에 있지 않았습니까?"

"네, 그렇습니다. 보병 제28연대였습니다."

"저는 1918년 6월까지 보병 제16연대에 있었습니다. 어쩐지 뵌 적이 있다고 생각했지요."

우리는 잠시 프랑스의 비에 젖은 잿빛 마을에 관한 얘기를 나누었는데, 어쩐지 그의 집이 이 근처일 것 같았다.

왜냐하면 최근 하이드로플레인(물 위에 떠서 달리는 고속 모터보트)

을 구입했으므로, 내일은 그것을 시험해 볼 것이라고 말했기 때문이다.

"내일 함께 가지 않겠습니까, 친구? 해협의 해안을 따라 달릴 생각입니다."

"몇 시에요?"

"언제라도 당신 좋은 시간이면 다 괜찮습니다."

그의 이름을 물어 보려는 순간, 베이커 양이 마침 이쪽을 향해 미소를 지으며 물었다.

"어때요, 이제 좀 흥이 나나요?"

그녀가 물었다.

"아까보다 훨씬 좋아졌습니다."

나는 그렇게 말하면서 옆자리의 남자를 바라보았다.

"이런 파티는 처음입니다. 아직 주인도 만나 보지 못했으니까요. 나는 이 집 옆에 사는 사람입니다."

나는 눈에 보이지 않는 우리 집 울타리 쪽을 가리켰다.

"개츠비라는 이 집 주인이 운전사를 통해 초대장을 보내 왔어요."

잠시 동안 그 남자는 이해하지 못하겠다는 듯 나를 바라보았다.

"제가 개츠비입니다."

그가 느닷없이 말했다.

"뭐라구요!"

나는 나도 모르게 소리쳤다.

"이거 정말 실례했습니다."

"전 당신이 알고 계실 거라 생각했습니다. 이거 별로 좋은 주인 노릇을 하지 못한 것 같군요."

그는 내 기분을 이해한다는 듯 미소지었다. 아니, 그것은 이해라는 말로 표현하기에는 적절치 않았다.

그것은 일생 중 너더댓 번 정도밖에는 경험하지 못할 듯한, 영원히 지워지지 않는 안도감을 느낄 수 있는 보기 드문 미소였다.

그 미소는 강력한 호감으로 다가왔다. 그 미소는, 내가 이해해 주었으면 하는 대로 이해해 주고, 믿어 주기를 바라는 만큼 믿어 주는 미소였다. 그런데 그렇게 생각하는 순간, 그 미소는 사라졌다.

그리고 내 눈앞에 있는 남자는 30세를 조금 넘긴 듯한 젊고 품위 있는 시골 사람, 바보처럼 보일 정도로 예의범절을 지키는 청년으로 돌아가 있었다.

사실 나는 그가 자기 이름을 밝히기 전에도, 대화 중에 단어를 신중하게 선택한다는 것에 강한 인상을 받았다.

그가 개츠비라고 밝힌 동시에 하인이 다가와 시카고에서 전화가 왔다고 전했다. 그는 같이 앉아 있던 우리들에게 일일이 고개를 숙여 인사한 후 자리를 떴다.

"뭐든 필요한 것이 있으면 말씀해 주십시오."

그리고 그는 이렇게 덧붙였다.

"잠시 실례합니다만, 나중에 또 뵙겠습니다."

그가 사라지자마자 나는 베이커 양을 바라보았다. 나의 놀라움을 그녀에게 알려 주고 싶었다.

나는 개츠비를 혈색 좋은 뚱뚱한 중년 남자쯤으로 생각하고 있었기 때문이다.

"저 사람 어떤 사람이오?"

나는 조급하게 물었다.

"그냥 개츠비라는 이름의 남자일 뿐이에요."

"어디 사람이고, 뭐 하는 사람인지 묻고 있는 거요."

"뒷조사라도 해 보려고요?"

그녀는 잔잔하게 웃으며 말했다.

"글쎄요, 언젠가 옥스퍼드를 나왔다고 말한 적이 있어요."

막연하게 그가 어떤 사람인지 좀 알 것도 같았다. 그러나 그것은 베이커 양의 한 마디로 지워져 버렸다.

"하지만 난 안 믿어요."

"어째서?"

"특별한 이유는 없어요. 하지만 웬지 옥스퍼드에서 공부했다는 건 믿을 수가 없어요."

그렇게 말하는 그녀의 말투에서 나는, '저 사람은 살인을 한 적이 있어요.' 라는 말을 떠올렸다. 그것이 내 호기심을 불러일으켰다.

개츠비가 루이지애나의 늪지대 출신이라든가, 뉴욕의 이스트사이드 하류 계층 출신이라고 했다면 나는 의심하지 않고 그 사실을 받아들였을 것이다.

하지만 젊은 남자가 어디선가 흘러들어와 담담하게 롱아일랜드 해협에 있는 궁전 같은 대저택을 사들였다는 것은 있을 수 없는 일이었다.

적어도 시골 출신의 남자에게는 가능한 일이 아니었다.

"어쨌든 저 사람은 몇 번씩이나 성대한 파티를 열고 있어요."

그녀는 도시인다운 기질을 보이며 자세한 얘기는 피곤하다는 듯 화제를 바꾸었다.

갑자기 베이스 드럼이 요란하게 울리더니 오케스트라의 지휘자가 커다란 목소리로 말했다.

"신사 숙녀 여러분, 개츠비 씨의 희망에 따라 지금부터 여러분을 위해 블라디미르 토스토프 씨의 최신작, 《세계의 재즈 역사》를 연주하겠습니다. 이 곡은 지난 5월 카네기 홀에서 커다란 주목을 끌었습니다. 신문을 보신 분은 다 아실 겁니다."

하지만 그 곡은 내 가슴속에 아무런 인상도 남기지 않았다.

대리석 돌계단 위에 서서 손님들을 차례로 만족스럽게 둘러보는 개츠비의 모습이 우연히 눈에 들어왔기 때문이다.

햇빛에 그을린 피부는 매력적인 긴장감으로 넘쳐흘렀다. 그의 머리는 매일 이발이라도 하는 듯 깔끔하고 짧았다.

그의 어느 구석에서도 사람들이 수군대는 어두운 구석이라고는 보이지 않았다.

어쩌면 그가 술을 즐기지 않기 때문에 다른 손님들과는 다르게 보였는지도 모른다. 아니면 다른 사람들은 파티의 흥겨움 속으로 빠져 들어가는데, 그 혼자만이 점점 더 조용해지고 있었기 때문인지도 몰랐다.

《세계의 재즈 역사》라는 연주가 끝났을 때 사람들은 들떠서 떠들고 장난치고 서로 얽혀들었지만, 어느 누구도 개츠비의 곁으로 다가가 어깨를 건드리거나 하지 않았다.

"실례합니다."

뜻밖에도 우리 옆에는 개츠비의 하인이 서 있었다.

"베이커 양이시지요?"

그가 물었다.

"실례합니다만, 주인님께서 베이커 양과 단둘이서 나눌 말씀이 있다고 하십니다."

"나한테?"

그녀가 놀라서 목소리를 높였다.

"그렇습니다."

그녀는 의외라는 듯 눈썹을 치켜올려 보이더니 조용히 일어나 하인을 따라갔다. 그녀는 이브닝드레스를 입었지만 걸음걸이는 골프 코스를 걷는 골퍼와 같이 경쾌하고 씩씩해 보였다.

나는 혼자 있었다. 새벽 2시가 다 되어 있었다. 주변을 둘러보니, 아직 남아 있던 대부분의 여자들이 남편들과 말다툼을 하고 있었다.

내가 홀에서 모자를 가져다 주기를 기다리고 있을 때, 서재의 문이 열리고 베이커 양과 개츠비가 함께 나왔다.

그는 그녀에게 무슨 말인가를 마지막으로 하려 했지만, 두세 사람이 작별 인사를 하러 오자 그만두었다.

그녀와 함께 온 일행은 현관에서 애타게 그녀를 부르고 있었지만, 그녀는 개츠비와 악수를 하기 위해 그 자리에 멈춰 서 있었다.

"난 깜짝 놀랄 정도로 뜻밖의 얘기를 듣고 오는 중이에요."

그녀가 목소리를 낮추었다.

"우리가 얼마나 오래 저 안에 있었죠?"

"글쎄, 한 시간 정도."

"정말 놀라운 일이에요."

그녀는 멍하니 같은 말만 되풀이했다.

"다른 사람에게는 말하지 않기로 약속했는데, 벌써 당신을 애태우게 하고 있네요."

그녀는 내 얼굴도 보지 않고 귀엽게 하품을 했다.

"절 만나러 오세요……. 전화 번호부에……. 미세스 시거니 하워드라는 이름이 우리 숙모님이에요."

그렇게 말하면서 그녀는 서둘러 떠났다.

나는 처음인데도 너무 늦게까지 머문 것을 부끄럽게 생각하면서, 개츠비 주변에 몰려 있는 마지막 손님들 틈에 끼어 있었다.

나는 개츠비에게 아까 정원에서 몰라 봐서 실례했다고 말했다.

"천만에요."

그가 말했다.

"그런 생각은 두 번 다시 하지 마십시오, 친구."

그러나 그의 친숙한 표정에서도, 가볍게 내 어깨를 쓰다듬는 동작에서도 친근감은 느껴지지 않았다.

"내일 아침에 하이드로플레인 타는 것 잊지 마십시오. 9시입니다."

그 때 하인이 그의 어깨 너머로 말했다.

"필라델피아에서 온 전화입니다."

"곧 가지. 곧 받겠다고 전해 줘. 그럼 잘 가시오."

그는 미소를 지어 보였다. 그 미소를 보자, 그는 내가 마지막까지 남아 있었던 것을 기뻐하는 듯했다.

처음부터 개츠비는 그렇게 되길 바라고 있었던 것처럼 느껴졌다.

"잘 가시오, 친구……. 잘 가시오."

나는 잔디밭을 가로질러 우리 집 쪽으로 향하다가 한 번 뒤를 돌아보았다. 얄팍하고 둥근 달이 개츠비의 저택을 비추고 있었다.

밤하늘은 예전처럼 맑게 개어 있었고, 불빛만이 웃음소리도 소음도 끊긴 개츠비의 정원을 환하게 밝혀 주었다.

그러나 이제는 저택의 창문들이나 커다란 대문에서 쓸쓸함만이 흘러나오는 듯했다.

현관 앞에 서서 손을 흔들며 작별 인사를 하는 개츠비의 모습 또한 너무도 고독해 보였다.

조던 베이커와의 데이트

지금까지 쓴 내용을 다시 읽어 보니 몇 주일 동안의 일 중에서 사흘 밤에 걸쳐 일어난 일에만 내 자신이 완전히 매여 있었던 것 같은 인상을 독자에게 준 느낌이 들었다.

하지만 실제로는 그 반대였다. 그 사흘 밤에 일어난 일은 내가 그 여름에 맞닥뜨렸던 일들 중에서 우연하게 일어난 사건에 지나지 않았다.

그리고 지금에 와서 돌이켜 보면, 나의 개인적인 문제와 비교해 볼 때 그것은 그리 대단한 관심거리도 아니었다.

나는 대부분의 시간을 일에 바쳤다. 아침 일찍 떠오른 태양은 '프로비티 신탁회사'로 나의 발길을 재촉했고, 저녁이 되어 뉴욕 시내의 밝게 빛나는 거리를 걷는 내 그림자는 서쪽으로 길게 늘어졌다.

나는 다른 회사원들이나 젊은 증권 세일즈맨들과도 서로 이름만 부를 정도로 친해졌고, 그들과 함께 붐비는 식당에서 작은 돼지고기 소시지, 으깬 감자와 커피로 점심 식사를 하곤 했다.

뉴저지에 사는 경리부 여직원과 잠시 데이트를 하기도 했지만, 그녀의 오빠가 나를 의심스러운 눈으로 보기 시작했기 때문에, 그녀가 7월 휴가 여행을 떠난 것을 기회로 나는 그녀에게서 조용히 손을 떼었다.

저녁은 보통 예일 클럽에서 먹었다. 나에게는 그 시간이 제일 우울한 시간이었다.

저녁 식사 후에는 도서실에 올라가 1시간 정도 투자나 증권 연구로 성실하게 보냈다.

클럽에서는 몇몇 사람들이 소란스럽게 떠들어 대지만, 그런 사람들은 절대로 도서실에는 올라오지 않는다. 도서실은 정말 공부하기에 안성맞춤이었다.

공부를 끝내고 기분이 좋아지기라도 하면 어슬렁어슬렁 에디슨 가를 걸어 고풍스러운 머레이힐 호텔을 지나 33번가를 가로질러 펜실베이니아 역까지 걷곤 했다.

나는 점점 뉴욕이 좋아지기 시작했다. 활기 넘치고 스릴이 가득한 밤 공기, 수많은 행인들, 끊임없이 이어지는 자동차의 물결들에 익숙해지기 시작했던 것이다.

나는 5번가를 걸으면서 거리를 걷는 여자들 중에서 낭만적으로 보이는 여자를 하나 골라 내어, 아무도 모르게 그녀의 생활 속으로 파고드는 상상을 하며 즐거워했다.

나는 상상 속에서 그녀의 아파트까지 따라간다. 그녀는 현관 문 앞에서 뒤를 돌아보며 나를 향해 미소를 보낸 후 따뜻한 어둠 속으로 사라진다.

마법에 걸린 듯한 대도시의 황혼 무렵, 나는 떨쳐 버릴 수 없는 외로움에 사로잡히기도 했다.

그런 쓸쓸함은 다른 사람에게서도 느껴졌다. 쇼윈도 앞에서 서성이며 레스토랑에서의 쓸쓸한 혼자만의 저녁 식사를 하기 위해 그 시간을 기다리는 가난한 젊은 회사원들.

밤과 인생이라는 가장 가슴 두근거리는 순간을 그렇게 헛되이 낭비하는 황혼녘의 젊은 사람들.

저녁 8시. 40번가 주변의 좁고 어두운 거리가 극장으로 향하는 택시들로 꽉 메워지는 시간이 되면 나는 더욱 외로워졌다.

택시 안에서는 서로 어깨를 맞댄 사람들이 보이고, 그들의 들뜬 목소리가 들려온다. 뭔가 재미난 이야기를 하는지 웃음소리도 들려온다.

나는 내 자신도 그들처럼 밝고 즐거운 세계를 향해 가는 사람처럼 마음속으로 그들과 흥분을 함께하며 그들에게 축복을 보냈다.

나는 한동안 조던 베이커 양과 만날 기회가 없었다. 그러나 한여름이 되었을 때 우연히 그녀를 만나게 되었다.

처음에는 그녀와 여기저기 걷는 것이 좋았다. 그녀는 골프 챔피언으로서 이름이 꽤 알려진 유명한 사람이었기 때문이다.

그렇게 시작된 그녀와의 새로운 만남은 나에게 새로운 기분이 들게

했다. 하지만 적극적으로 연애를 하고 싶다는 생각이 든 것은 아니었다.

그것은 애정을 바탕에 깔고 있는 일종의 호기심이었다.

그녀의 세상을 바라보는 권태로운 듯한 오만한 표정 뒤에는 무엇인가가 숨겨져 있었다. 처음부터 그런 것은 아니었지만 결국에는 감추고 있는 무엇인가가 있었다.

어느 날 나는 그것이 무엇인지를 알게 되었다.

워위크에서 열린 파티에 함께 참석했던 때였다. 그녀는 비가 오고 있음에도 빌려 타고 온 자동차의 차양을 그대로 벗겨 둔 채로 두었다. 그리고 나중에 그 일에 대해서 거짓말을 했다.

문득 나는 데이지의 집에서 그녀를 처음 만났을 때를 떠올렸다. 그러자 기억나지 않던 그녀에 대한 좋지 않은 소문이 기억났다.

그녀가 처음 참가했던 큰 골프 시합에서 문제가 생겼고, 그것은 신문 기삿거리가 되었다. 준결승에서 코스를 돌고 있었는데, 그녀가 공을 치기 어려운 곳에 떨어진 공을 다른 장소로 옮겨서 쳤다는 의심을 받았던 것이다.

그 소문은 진짜라는 쪽으로 알려질 뻔했는데, 갑자기 어느 순간 흐지부지 되고 말았다.

한 캐디가 자기의 증언이 거짓이라고 말했고, 또 다른 증인도 자신이 잘못 보았을지 모른다고 말했기 때문이다.

그 사건과 당사자의 이름이 함께 내 기억에 남아 있었다.

조던 베이커 양은 예리하고 날카롭게 사람을 꿰뚫어 보는 사람을 본능적으로 피하고 있었다. 이제 와서야 나는 그 이유를 알게 되었다.

그녀는 평범한 사람을 편하게 생각했다. 그저 일반적인 기준으로 사람을 대하는, 그래서 전혀 의심 같은 것은 하지 않는 남자를 상대하는 것을 편안하게 느끼는 여자였다.

그녀의 정직하지 못한 성격은 고질적인 것으로, 그녀는 불리한 입장에 서게 되는 것을 견디지 못하는 성격의 소유자였다.

세상을 향한 자신의 냉정하고 거만한 미소를 잃지 않기 위해, 그리고 자신의 건강하고 발랄한 육체를 만족시키기 위해 어린 시절부터 거짓말을 해온 것이 아닌가 하는 생각이 들었다.

그렇다고 해서 그녀에 대한 내 감정이 바뀌지는 않았다. 여성의 정직하지 못함을 심하게 비난할 것까지는 없으니까.

나는 당시 그녀를 잠시 유감스럽게 생각했지만, 금방 그러한 사실을 잊어버렸다.

우리가 자동차 운전에 대해서 재미있는 대화를 나눈 것도 워위크의 파티에서였다.

그녀는 운전하면서 몇몇 노동자들 옆을 지나가다가, 자동차 흙받기로 그 중 한 사람을 스치고 지나면서 그의 코트 단추를 하나 떨어뜨렸기 때문에 시작된 대화였다.

"정말 형편없는 운전 실력이군."

나는 나무라듯 말했다.

"나는 신중해요."

"아니, 천만에."

"다른 사람들이 조심해야죠!"

그녀가 가볍게 대꾸했다.

"그게 이 얘기와 무슨 상관이 있어?"

"상대편이 피해 가야 한다는 거예요."

그녀는 자신의 실수를 인정하지 않으며 고집을 부렸다.

"사고는 혼자 내는 것이 아니잖아요."

"만일 당신만큼 부주의한 사람하고 맞부딪치면 그 땐 어떻게 하지?"

"그런 일은 절대 일어나지 않을 거예요."

그러더니 그녀는 이렇게 대답했다.

"난 조심성 없는 사람은 싫어요. 그래서 당신이 좋은 거예요."

눈이 부신 듯 그녀가 잿빛 눈동자를 가늘게 뜨고 앞을 똑바로 바라보고 있었다. 그녀의 이 말은 우리의 관계에 어떤 변화를 주려는 마음이 담겨 있었다.

그래서 나는 한순간 그녀를 사랑하고 있는 듯한 기분에 사로잡혔다. 하지만 나는 신중한 편이었고, 순간적인 열정을 참아 낼 수 있는 정신적인 규칙을 가지고 있었다.

나는 우선 고향의 얽히고설킨 관계를 깨끗하게 정리해야만 했다. 그때까지도 나는 일주일에 한 번, '사랑하는 닉으로부터'라는 서명을 한 편지를 고향의 한 여자에게 보내고 있었기 때문이다.

그러나 고향 처녀에 대해서 생각나는 것은 별로 없다. 기껏해야 테니스를 칠 때 그녀의 윗입술에 땀방울이 살며시 맺힌다는 것 정도밖에는 떠오르지 않았다.

그렇게 서로의 관계는 가깝지 않았고, 이해할 수 있는 사이였기 때문에 나는 자유로운 몸이 되기 위해, 그쪽과의 일을 말썽 없이 해결해 둘 필요가 있었다.

누구든지 중요한 미덕 하나 정도는 갖고 있다고 자부하는 법이다. 내가 알고 있는 몇 안 되는 정직한 사람들 중 하나가 바로 나라는 사실에, 나는 자부심을 가지고 있다.

재 회

일요일 아침, 해안에 접해 있는 교회에서 종소리가 울리는 동안, 유명

인사들과 그들의 연인들은 다시 개츠비의 저택에 모여 잔디밭을 화려하게 수놓고 있었다.

젊은 여자들이 개츠비가 마련한 칵테일을 들고 정원의 꽃 사이를 거닐고 있었다.

"저 사람은 술을 몰래 들여온대요."

그 여자들이 그런 소문을 퍼뜨렸다.

"언젠가는 사람을 죽인 적도 있대요. 그건 그 사람이 폰 힌덴브루크(제1차 세계대전 당시 독일의 참모총장, 이후 대통령에 선출됨)의 조카이자 악마 같은 독일 황제의 육촌이라는 사실을 알아 냈기 때문에 죽인 거래요. 이것 봐요, 장미 한 송이 꺾어 줘요. 그리고 저쪽에 있는 크리스털 유리잔에 마지막으로 한 방울만 따라 주지 않을래요?"

언젠가 나는 그 해 여름, 개츠비의 저택에 온 사람들의 이름을 기차 시간표 여백에 적어 놓은 적이 있다.

'1922년 7월 5일부터 사용 가능함'이라고 적혀 있는 그 시간표는, 이제는 다 낡아 접힌 부분이 너덜너덜해졌을 뿐 아니라 때가 묻어 더러워져 있었다.

하지만 씌어진 이름은 아직 읽을 수 있다.

개츠비의 후한 대접을 받으며 그것에 대한 감사의 표시로써 개츠비에 대해서는 아무것도 모른다고 말했던 사람들에게는 공통점이 있다. 그것을 굳이 내 입으로 말하는 것보다는 이름을 적어 둔다면 독자들이 훨씬 분명히 알게 될 것이다.

이스트에그에서 온 사람부터 적자면, 체스터 베커 부부, 리치 부부, 그리고 예일 대학에서 알게 된 번슨이라는 남자가 있다.

지난 여름 메인 주에서 익사한 웹스터 시비트 박사, 혼빔 부부, 윌리 볼테어 부부, 또 언제나 구석 자리에 모여 앉아 누군가 가까이 가면 산

양처럼 뾰족한 코를 쳐들고 있던 블랙벌 일가가 있다. 다음으로는 이즈메이 부부, 크리스티 부부(이들은 부부라기보다는 휴버트 오어바크와 크리스티 씨 부인이라고 하는 편이 좋을 것 같다)가 있다. 또 에드거 비버라는 사람도 있다. 이 남자의 머리카락은 어느 겨울날 오후 아무런 이유도 없이 갑자기 목화솜처럼 하얗게 되어 버렸다고 한다.

클래런스 엔디브도 분명 이스트에그에 사는 사람이었다고 나는 기억하고 있다.

개츠비는 단 한 번 흰 옷 차림으로 왔는데, 에티라는 술주정꾼과 정원에서 싸운 일이 있었다.

롱아일랜드에서 멀리 떨어진 곳에서 온 사람들로는 치들즈 부부, 슈뢰더 부부, 조지아 주 출신의 스톤월 잭슨 에이브럼 부부가 있었다.

피시가드 부부, 리플리 스넬 부부도 있었다. 스넬은 형무소에 들어가기 3일 전에 개츠비의 집에 와서 완전히 술에 취해서 자갈이 깔린 주차장에 누워 있다가, 율리시스 스웨트 부인의 차에 오른손을 다친 일이 있었다.

다음에 캐틀립 부부, 뱀버그 부부, 훗날 아내를 죽인 말둔의 형들도 왔다.

클립 스프링거라는 남자는 너무 자주 개츠비의 집에 와서는 오랫동안 머물러 있었기 때문에 '하숙생'으로 통했다. 과연 자기 집이 있는 사람인지 어쩐지 의심스러웠다.

그리고 현재는 이혼했지만 젊은 퀸 부부, 또 타임스 광장의 지하철로 뛰어들어 자살한 헨리 팔메토가 왔다.

이들 외에도 내 기억으로는 포스티나 오브라이언이 적어도 한 번 왔었고, 베데커 집 딸들이나 지난번 전쟁에서 코에 총을 맞은 브루어 청년 등도 왔었다.

개츠비의 방문

7월도 끝나가는 어느 날 아침 갑자기, 개츠비의 호화로운 자동차가 돌투성이 길을 지나 내 집 현관문에 도착했다. 자동차에서는, 세 가지 소리가 섞여 있는 경적 소리가 음악처럼 울려 나왔다.

나는 이미 두 번이나 그의 파티에 참석했었고 그의 하이드로플레인도 함께 탔다. 그리고 그가 그렇게 하라고 해서 나는 그의 집 해변을 자주 사용하고 있었지만, 그가 나를 방문한 것은 그 때가 처음이었다.

"안녕, 친구! 오늘은 점심 식사를 같이 하지 않겠소? 뉴욕까지 함께 갑시다."

그는 미국인 특유의 몸짓으로 자동차 발판 위에 위태롭게 서 있었다. 그렇게 좁은 발판 위에 위태롭게 서 있을 수 있는 것은 어려서 무거운 짐을 들어올린 적이 없었기 때문일 것이다.

또한 움직이지 않고 조용히 앉아 있는 습관이 몸에 밴 사람이기에 가능한 일일지도 모른다.

몸을 자유롭게 움직이는 미국인 특유의 열광적인 동작이 아름답기는 하지만 아무런 규칙이 없다는 것이 문제라면 문제였다.

개츠비의 진지한 태도 속에서도 그런 모습이 자주 나타났다. 그는 절대로 가만히 있질 못했다.

어디서든 한쪽 발로 무엇인가를 탁탁 두드리든가, 아니면 신경질적으로 손을 쥐었다 폈다 하였다.

그는 내가 자신의 자동차를 감탄하며 바라보고 있다는 것을 알아차렸다.

"어떻습니까? 멋진 차죠, 친구?"

그는 자신의 자동차를 더 잘 보여 주려는 듯 차에서 뛰어내렸다.

"전에 본 적이 없습니까?"

나는 전에도 본 적이 있었다. 누구든 보았을 것이다.

니켈 장식이 반짝거리며 빛나는 크림색의 차체가 굉장히 긴 차 안에는 여기저기 모자 상자와 도시락 상자, 도구 상자들이 놓여 있었다.

계단식으로 층층이 미로처럼 만들어진 앞유리에는 햇빛이 반사되고 있었다. 녹색 가죽을 깐 온실처럼 몇 겹이나 되는 유리로 둘러싸인 그 차를 타고 우리는 뉴욕을 향해 출발했다.

나는 한 달 동안 그와 여섯 번 정도 얘기를 나눈 것으로 생각된다. 하지만 실망스럽게도 그는 이렇다 할 특별한 얘깃거리가 없는 남자였다.

그래서, 분명 중요한 인물일 것이라고 생각했던 내 첫인상은 점점 지워져 가기 시작했다. 나에게는 그저 이웃에 사는 화려한 여관 주인에 지나지 않는 존재가 되어 버렸다.

그런 식으로 생각하던 차에 썩 내키지 않는 드라이브를 하게 된 것이었다.

웨스트에그까지 가면서 개츠비와 대화를 나누었지만, 그가 예전에 썼던 고상한 말투는 어느 새 평범하게 바뀌어 있었다.

그는 뭔가 결심이 서지 않는다는 듯 연한 밤색 양복의 무릎 부분을 손으로 가볍게 두드렸다.

"나 좀 봐요, 친구."

그가 갑자기 말을 꺼냈다.

"그런데 당신은 나라는 사람을 어떻게 생각하시오?"

나는 약간 당황했지만, 질문의 내용이 특별하지는 않아서 그 질문에 대답하기 시작했다.

그러자 그는 내 말을 가로막았다.

"나는 당신에게 내 과거를 얘기할까 합니다. 여러 가지 소문을 들으

셨을 거라고 생각합니다. 나는 괜히 그런 일로 당신에게 오해받고 싶지 않습니다."

그러고 보면 그도 자기 집 파티장에 떠돌아다니는 이상한 소문들을 알고 있는 모양이었다.

"신의 이름을 걸고 진실을 이야기하지요."

그는 갑자기 오른손을 들어 맹세하는 표시를 해 보였다.

"나는 중서부의 어느 돈 많은 사람의 아들로 태어났습니다. 부모님은 모두 돌아가셨습니다. 난 미국에서 자랐지만 옥스퍼드에서 교육을 받았지요. 우리 조상들은 매우 오랜 기간 동안 그 곳에서 교육을 받았으니까요. 그것이 우리 조상의 전통입니다."

그는 그렇게 말하고 나서 나를 곁눈질했다.

그 때 나는 그의 말이 거짓말이라고 굳게 믿는 조던 베이커 양의 마음을 알 것 같았다.

'옥스퍼드에서 교육을 받았지요' 라는 말을 할 때, 그는 뭔가 하고 싶지 않는 말을 하는 듯했다. 숨이 막히는 듯 말이 빨랐고 애매했기 때문이다.

이렇게 의심하고 보니 그가 하는 말은 처음부터 끝까지 믿을 수 없게 되어 버렸다.

역시 이 남자에게는 무엇인가 다소 떳떳하지 못한 구석이 있는 것이 아닐까 하는 생각이 들었다.

"중서부라면 어디쯤입니까?"

나는 무관심한 듯 물었다.

"샌프란시스코입니다(샌프란시스코는 중서부에 있는 것이 아니라 서해안에 있다)."

"그렇군요."

"가족들이 모두 세상을 떠났기 때문에, 나는 상당한 재산을 물려받았습니다."

그의 말투는 자기 집안의 갑작스런 몰락에 대한 기억이 아직도 생생하다는 듯 엄숙했다.

나는 놀림을 당하고 있는 것이 아닌가 하는 생각이 들었지만, 그의 얼굴 표정을 보고는 그렇지 않다는 것을 알 수 있었다.

"그 후 나는 유럽의 대도시에서 마치 인도의 젊은 왕자 같은 생활을 했습니다. 파리나 베네치아, 로마에서 말이죠. 보석도 수집했어요. 주로 루비였습니다. 맹수 사냥도 했고, 그림도 조금 그려 보았습니다. 물론 남한테 보여 줄 만한 그림은 아니었습니다만, 그러면서 오래 전에 있었던 슬픈 사건을 잊으려고 애썼습니다."

그 이야기를 믿을 수 없어 나는 나오는 웃음을 참느라 애썼다.

그의 말이 속이 들여다보일 정도로 낡아빠진 것이었기 때문에 그의 얘기로부터 아무런 것도 떠오르지 않았다.

기껏해야 터번을 두른 개츠비가 불로뉴 숲 속에서 땀을 뻘뻘 흘리며 호랑이를 뒤쫓는 모습이 머리에 잠시 떠오를 뿐이었다.

"그런데 전쟁이 일어난 겁니다. 전쟁은 나에게 큰 구원이었습니다. 나는 어떻게든 죽으려고 했지만, 죽지 못했어요. 처음에는 중위로 참전했습니다. 아르곤 전투에서 나는 기관총 대대의 생존자들을 이끌고 너무 깊숙이 숲 속으로 들어갔기 때문에, 보병 부대가 따라올 때까지 적군과 아군 사이의 빈 틈에서 이틀 밤낮을 머물렀습니다. 우리가 가진 것은 겨우 130명의 병사와 루이스 기관총 15자루뿐이었지요. 보병 부대가 그 곳에 도착했을 때, 우리 대대가 쓰러뜨린 적의 시체 속에서 독일군 3개 사단의 견장이 나왔습니다. 나는 소령으로 진급했고, 연합국의 모든 정부들이 빠짐없이 나에게 훈장을 보냈습니다.

"몬테네그로, 아드리아 해 연안의 작은 몬테네그로에서도 훈장이 왔단 말입니다!"

작은 몬테네그로! 그는 격앙된 목소리로 그렇게 외치면서 고개를 끄덕였다.

그 미소는 험난한 몬테네그로의 역사를 이해하고 있을 뿐 아니라, 몬테네그로 국민들의 용감한 투쟁을 동정하는 미소였다.

당시 유고슬라비아가 처해 있던 복잡한 국내외 사정 때문에, 몬테네그로로부터 따뜻한 감사의 표시를 받게 된 것을 이해하고 있다는 듯한 미소였다.

그를 의심하던 마음은 사라졌고, 나는 이제 그 이야기의 매력 속으로 빠져들어 버렸다. 마치 여러 권의 잡지를 서둘러 읽고 있는 기분이었다.

그는 주머니를 뒤지더니 리본이 달린 메달 하나를 내 손바닥 위에 올려놓았다.

"이것이 몬테네그로에서 온 것입니다."

놀랍게도 그것은 진짜 메달 같았다.

거기에는 '다닐로 훈장', 그리고 '몬테네그로 국왕 니콜라스'라는 문구가 둥그렇게 원을 그리며 새겨져 있었다.

"뒤집어 봐요."

거기에는 '제이 개츠비 소령에게. 뛰어난 용기를 기리며'라는 영어가 씌어 있었다.

"또 하나 내가 소중하게 지니고 다니는 것입니다만, 옥스퍼드 시절의 기념품입니다. 트리니티 칼리지 뜰에서 찍은 사진입니다. 내 왼쪽에 있는 사람은 현재 돈 캐스터 백작입니다."

그것은 블레이저코트 차림의 여섯 명의 청년들이 둥근 통로 아래 서 있는 사진이었다. 둥근 통로 아래로 많은 뾰족탑들이 보였다. 사진 속에는,

지금보다 젊어 보이는 개츠비가 크리켓 배트를 들고 서 있었다.

그러면 지금까지 한 얘기가 모두 사실이란 말인가? 이탈리아의 베네치아 운하 옆에 있는 대저택에 깔린 화려한 호랑이 가죽이 눈앞에 떠올랐다.

루비가 든 보석 상자를 열고 그 진홍빛 보석을 바라보며 지나간 슬픔을 달래는 개츠비의 모습이 눈에 선했다.

그는 만족한 듯 기념품들을 다시 주머니에 넣었다.

"오늘 난 당신에게 중요한 부탁을 드릴 생각입니다. 그래서 나라는 사람을 조금이라도 알려 드린 것입니다. 그냥 이름도 없는 사람으로 기억되고 싶지는 않습니다. 아시는 바대로 나는 잘 알지도 못하는 사람들 속에 섞여서 살고 있지만, 그것은 내 자신에게 일어난 슬픈 일들을 잊기 위해 여기저기 떠돌아다녔기 때문입니다."

그는 잠시 망설인 끝에 다시 말했다.

"그 얘기는 오늘 오후에 말씀드리겠습니다."

"점심 식사 때 말인가요?"

"아니, 오늘 오후에요. 당신이 베이커 양과 만나기로 하신 것을 우연히 알게 되었습니다."

"그렇다면 혹시 베이커 양을 사랑하고 있습니까?"

"아니오, 아닙니다. 하지만 베이커 양이 친절하게도 그 문제에 대해서 당신에게 말해 주겠다는 약속을 했습니다."

'그 문제'라는 것이 무엇인지 전혀 짐작할 수 없었다. 하지만 나는 흥미가 끌리기보다는 좀 화가 났다.

베이커 양과 만나서 개츠비에 대한 얘기를 나누기로 한 것은 아니기 때문이었다.

나는 그의 '부탁'이라는 것이 분명 뭔가 대단히 이상한 일임에 틀림없다고 생각했다.

무턱대고 손님들이 우글거리는 그의 집에 발을 들여놓았던 것을 후회하는 마음이 들었다.

그러나 그 이후 그는 한 마디도 더 하지 않았다.

뉴욕이 가까워짐에 따라 그의 자세는 더욱 단정해졌다.

루스벨트 항에는 빨간 띠를 두른 외항선들이 얼핏 보였다. 그리고 1900년대의 술집들이 페인트가 벗겨진 초라한 모습으로 즐비하게 늘어서 있는 슬럼가를 달렸다. 양쪽에는 잿빛 평원이 보였다.

정비소에서 윌슨의 아내가 숨을 헐떡이며 힘차게 가솔린 펌프를 움직이고 있는 것이 언뜻 보였다.

우리는 차의 흙받기를 펼친 채 번쩍이는 햇빛을 흩뿌리면서 아스토리아 마을 중간까지 달렸다.

우리가 고가도로의 기둥 사이를 이리저리 누빌 때, 귀에 익은 오토바이 소리가 들리더니, 흥분한 경찰관이 우리 차 옆에 나타났다.

개츠비가 자동차를 세웠다. 그는 지갑에서 하얀색 카드를 꺼내어 경찰관의 눈앞에 흔들어 보였다.

"알겠습니다."

경찰관은 가볍게 경례를 붙였다.

"몰라 뵈어 죄송합니다. 개츠비 씨, 실례했습니다."

"그게 뭐지요? 아까 보여 준 옥스퍼드에서 찍은 사진인가요?"

"언젠가 시 경찰국장에게 편의를 제공한 적이 있습니다. 그래서 국장이 매년 크리스마스 카드를 보내 오지요."

대교의 철골 구조물 사이로 쏟아지는 햇살이 달리는 자동차들 위에서 반짝거렸다.

강 건너 해안에는 '더러움에 물들지 않은 돈으로'라는 소망을 담아 건설한 듯한, 하얀 각설탕을 쌓아 놓은 것 같은 건물들이 우뚝우뚝 솟아 있었다.

퀸스보로 다리에서 바라본 뉴욕은 몇 번을 보아도 처음 보는 것 같았다. 세계의 모든 신비, 모든 아름다움이 그 안에 있을 것만 같은 환상을 불러일으켰다.

꽃으로 장식된 영구차 한 대가 우리 옆을 지나갔다. 그 뒤로는 블라인드를 내린 두 대의 마차와, 유족들과 친지들을 태운 몇 대의 마차가 이어졌다.

그 사람들은 남동유럽 사람들 같아 보였는데 슬픈 눈으로 우리 쪽을 보고 있었다. 개츠비의 멋진 자동차가 그들이 보낸 우울한 주말과 함께하는 것 같아 기분이 좋았다.

블래크웰 섬을 가로지르고 있을 때, 리무진 한 대가 우리 옆을 지나갔다. 운전사는 백인이었지만 차 안에는 멋진 의상을 입은 두 명의 흑인과 여자 한 명이 타고 있었다.

그렇다면 개츠비와 같은 사람이 존재한다는 것도 하나 이상할 것 없는 일이었다.

리무진에 탄 그들이 건방진 경쟁심을 가지고 우리 쪽을 바라보았을 때, 나는 소리내어 웃고 말았다.

점심 식사

떠들썩한 점심 시간이었다.

선풍기가 잔뜩 달린, 42번가에 있는 지하 레스토랑에서 점심 식사를 하기 위해 개츠비와 만났다.

환한 바깥에 있다가 어두컴컴한 지하 레스토랑으로 들어가니 실내가 잘 보이지 않았다.

나는 대기실에서 누군가와 이야기를 나누고 있는 개츠비를 겨우 찾아냈다.

"캐러웨이 씨, 이쪽은 내 친구 울프샤임 씨입니다."

키가 작고 코가 납작한 유대 인이었다. 그는 커다란 머리를 들고 양쪽 콧구멍에 난 지저분한 코털을 나에게로 향했다.

잠시 후에야 나는 겨우 어두컴컴한 실내에서 그의 작은 눈을 발견할 수 있었다.

"……. 그래서 나는 그 녀석을 한 번 쳐다보았지요."

울프샤임 씨는 내 손을 열심히 흔들면서 말했다.

"그리고 내가 어떻게 했을 거라고 생각하십니까?"

"어떻게 하다니요?"

나는 정중하게 물었다. 그러나 그의 이야기 상대는 내가 아니었다.

개츠비는 우리 두 사람의 팔을 잡고 식당 안쪽으로 들어갔다. 울프샤임도 하던 얘기를 접어 두고는 개츠비에게 끌려들어갔다.

"하이볼로 하시겠습니까?"

웨이터가 물었다.

"그래, 하이볼로 갖다 주시오."

개츠비는 그렇게 말하고 나서 울프샤임을 바라보았다.

"길 건너편 집이 더 좋은데."

울프샤임이 다른 소리를 했다.

"그 집은 너무 더워."

개츠비가 말했다.

"덥지만, 추억이 많은 곳이야."

"그 집이 어딥니까?"

내가 물었다.

"올드 메트로폴이오."

울프샤임은 감개에 젖은 목소리로 말했다.

"그 곳은 죽은 사람들의 얼굴로 가득 차 있소. 저 세상으로 가 버린 친구 말이오. 로지 로젠탈이 거기에서 맞은 날 밤의 일은 살아 있는 한 잊을 수 없소. 그 때 우리 여섯 명은 테이블에 앉아 있었는데, 누군가가 로지를 찾아왔다고 하더군요. 로지는 의자에서 일어나려 했지만, 내가 도로 앉혔지요."

그는 계속 말을 이었다.

"'로지, 널 만나고 싶으면 그놈더러 들어오라고 해' 라고 했죠. 그 때가 벌써 새벽 4시경이었으니까요."

"그 사람은 나갔습니까?"

내가 순진하게 물었다.

"물론 나갔죠. 그 친구는 나가면서, '웨이터에게 내 커피 치우지 말라고 해!' 하더군요. 그리고 밖으로 나갔는데, 그놈들이 로지의 배에 세 발이나 총을 쏘고는 달아났어요."

"그놈들 중 네 명은 전기의자에서 사형을 당했지요."

나도 기억이 나서 끼어들었다.

"베커까지 포함해 다섯 명이었습니다."

울프샤임이 내게 흥미를 느꼈는지 내 쪽을 향했다.

"사업 거래선을 찾고 있는 것 같군요."

나는 그 말에 놀랐고, 개츠비가 내 대신 답변을 해 주었다.

"아니야, 이 친구는 그런 사람이 아니야."

"아니라고?"

울프샤임은 실망한 것 같았다.

개츠비는 갑자기 시계를 보더니 자리에서 일어났다. 나와 울프샤임을 남겨 둔 채 서둘러 바깥으로 나갔다.

"전화를 걸러 간 거요."

울프샤임이 개츠비의 모습을 눈으로 좇으면서 말했다.

"괜찮은 친구지요. 얼굴도 잘생기고 거기다 진짜 신사거든요."

"그렇습니다."

"저 사람은 옥스퍼드 출신입니다."

"아아!"

"영국의 옥스퍼드 대학에 다녔었는데……. 당신도 그 학교를 알고 계시겠지요?"

"들어 보았습니다."

"세계에서 가장 유명한 대학 가운데 하나지요."

"개츠비와는 오래 전부터 알고 계십니까?"

"몇 년 됩니다."

그는 만족스러운 듯 대답했다.

"처음 가까워진 건 전쟁 직후였소. 한 시간 정도 이야기를 나눠 보고, 출신이 괜찮은 사람이라는 걸 금방 알았지요. '이 사람 정도면 집에 데리고 가서 어머니나 여동생에게 소개해도 되겠구나' 하고 속으로 생각했었소."

그 때 개츠비가 돌아왔고, 울프샤임은 커피를 단숨에 마시고는 자리에서 일어나 가 버렸다. 점심 맛있게 먹었다면서.

"도대체 뭘 하는 사람입니까? 배우입니까?"

"마이어 울프샤임이? 천만에요. 그는 도박꾼입니다."

개츠비는 잠시 망설이다 냉정하게 말했다.

"1919년 월드 시리즈를 조작한 사람입니다."

"월드 시리즈를 조작했다고요?"

그런 일은 생각지도 못한 일이었다. 1919년 월드 시리즈가 조작에 의해 치러졌다는 것은 나도 알고 있었지만, 그 내막은 생각해 본 적이 없었다.

한 인간이 5천 명이나 되는 사람들의 신념을 가지고 놀다니, 나 같은 사람은 전혀 생각지도 못할 일이었다.

"어째서 감옥에 가지 않았지요?"

"증거가 없어요. 그는 영리한 사람입니다."

점심값 계산을 내가 하고, 웨이터가 거스름돈을 가지고 왔을 때, 한쪽 편에 있는 톰 부캐넌의 모습을 발견했다.

톰이 우리 쪽으로 다가왔다.

"도대체 지금까지 어디 있었나?"

그가 반기며 물었다.

"자네가 전화를 안 해서 데이지가 화가 나 있다구."

"부캐넌, 이쪽은 개츠비 씨일세."

두 사람이 악수를 나누었다.

그 때 개츠비의 얼굴에서는 긴장한 듯 곤혹스러운 표정이 역력했다. 알 수 없는 일이었다. 처음 만나는 두 사람인데.

조던 베이커의 고백

"1917년 10월 어느 날(조던 베이커 양은 그 날 오후, 플라자 호텔 정원에 있는 찻집 의자에 꼿꼿하게 앉아 그 얘기를 꺼내기 시작했다), 나는 큰 저택들이 늘어서 있는 길가 잔디밭을 걷고 있었어요.

집집마다 붉고 파란 깃발들이 펄럭였지요. 제일 큰 깃발이 걸려 있고, 제일 넓은 잔디밭이 있는 집이 데이지의 집이었어요. 그녀는 나보다 두 살 많았으니까 18세였지요. 데이지는 루빌에 사는 처녀들 중 제일 인기가 있었어요. 그녀는 하얀 옷을 입었고, 새하얀 소형 로드스터를 가지고 있었어요.

테일러 기지에 있는 젊은 장교들이 그녀와 데이트하고 싶어 그녀 집에 매일 전화를 했지요. '하여튼 한 시간이라도 좋으니까' 하면서 데이트 신청을 했어요.

그날 아침 내가 데이지 집 앞에 이르자, 그녀는 자신의 새하얀 로드스터 안에 어떤 장교와 앉아 있었어요. 자기들의 세계에 빠져 있는 것 같았던 데이지가 내게 말을 걸었어요.

'안녕, 조던'이라고. 그녀가 내게 말을 걸다니, 나는 으쓱해졌어요. 나보다 나이 많은 여자들 중에서 나는 그녀를 제일 좋아했거든요.

차 안에 앉아 있는 장교는 그럴 수 없이 사랑스런 눈빛으로 데이지를
바라보고 있었어요. 그 일이 계속 내 기억 속에 남아 있었어요.

그 장교가 바로 개츠비라는 사람이었어요. 그러고 나서 4년 이상이나
그 사람을 보지 못했어요.

나중에 롱아일랜드에서 그 사람을 만났지만, 그 사람이 그 사람인 줄
은 생각도 못했어요.

그것이 1917년 일이에요. 그 이듬해 어느 땐가는 데이지에 대한 나쁜
소문이 들려왔어요. 군인들을 배웅하러 나가려다가 어머니에게 들키
고는 결국 못 나갔다고 하더군요.

그 다음 가을쯤 전쟁이 끝난 후 데이지는 사교계에 데뷔해서는, 뉴올
리언스에서 온 사람과 약혼했다는 소문도 있었어요.

그런데 6월에 시카고의 톰 부캐넌과 루빌에서 성대한 결혼식을 올렸
어요. 톰은 네 대의 승용차에 백 명이나 되는 사람을 싣고 와 멀바크
호텔의 한 층을 통째로 빌려서 결혼식을 올렸어요.

결혼식 전날에는 35만 달러나 하는 진주 목걸이를 데이지에게 결혼
선물로 주었지요.

나는 신부의 들러리였어요. 피로연이 시작되기 30분 전에 데이지의
방에 가 보니까 그녀가 엉망으로 취해 있었어요. 한 손에는 술병을
들고, 한 손에는 편지를 쥔 채.

'축하해 줘.'

그녀는 알아듣기 어려운 소리로 말했어요.

'난 말이야, 술은 처음 마셔 보는데, 정말 좋은데.'

'어떻게 된 거야. 데이지?'

나는 겁이 났어요.

'이, 이걸……'

데이지는 침대 옆 쓰레기통을 뒤지더니 진주 목걸이를 꺼냈어요.

'이걸 주인에게 돌려 줘요. 그리고 모두에게 말해요. 데이지는 마음이 변했다구. 그렇게 말해요. 알겠지. 데이지는 마음이 달라졌다구!'

그녀는 울기 시작했어요. 울고 또 울고. 나와 하녀가 그녀를 찬 욕조에 집어넣고 이마에 얼음에 얹어 주어서 술에서 깼어요. 그녀는 술에 취해서도 끝까지 그 편지를 놓지 않았어요.

그 사건은 그렇게 마무리되었고, 데이지는 톰 부캐넌과 결혼해 남태평양으로 석 달 간의 신혼 여행을 떠났어요.

처음에는 톰 부캐넌이 데이지에게 푹 빠져 있었지요.

그들은 6월에 결혼했고 그 사건은 8월에 일어났어요. 톰이 자동차 사고를 일으켜 차바퀴가 튀어나간 사고가 생겼지요.

그와 함께 타고 있던 젊은 여자에 대해서도 신문에 났죠. 팔이 부러졌으니까요. 그 여자는 산타 바바라 호텔 여종업원이었어요.

이듬해 봄 데이지는 여자아이를 낳았고, 두 사람은 1년간 프랑스에 갔었어요.

남편은 방탕하게 생활했지만, 데이지는 한 번도 바람을 피운 일이 없을 거예요. 확실하진 않지만……

그런데 6주일 전이었지요. 데이지가 몇 년 만에 개츠비의 이름을 들은 거예요. 데이지가 개츠비에 대해 내게 물었고 내가 대답해 주자, 그녀는 그 사람이 틀림없다고 말하더군요.

그 때 나는 비로소 그 개츠비 씨와 그녀의 흰 차에 함께 타고 있던 장교가 같은 사람이라는 걸 기억해 낼 수 있었어요."

조던 양이 이야기를 완전히 끝냈을 때, 우리는 이미 30분 전에 플라자 호텔을 나와 센트럴파크를 달리고 있었다.

태양은 50번가의 고층 아파트 뒤로 넘어갔고, 어느 새인지 아이들의

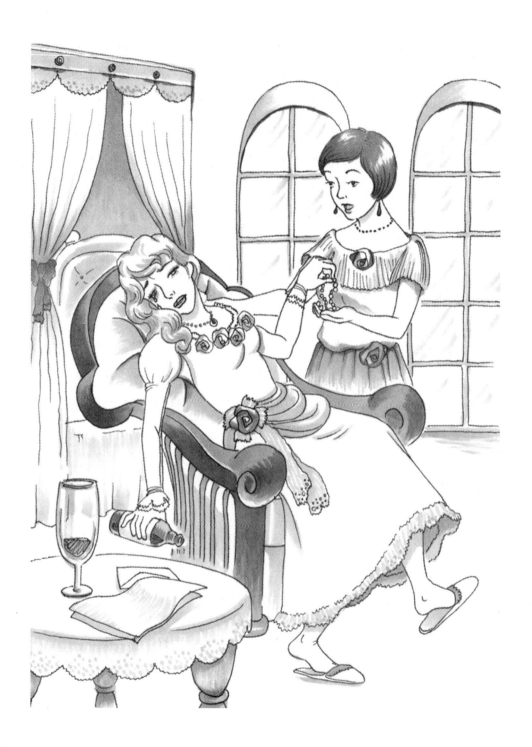

맑은 목소리가 황혼 속에서 울려 퍼지고 있었다.

"이상한 우연의 일치로군요."

"그건 그렇지 않아요."

"아니라니요?"

"개츠비의 집이 데이지의 집 바로 건너편 해안에 있으니까요."

그렇다면 그 6월의 어느 날 밤, 개츠비가 갈망하듯 바라보던 것이 하늘의 별이 아니라 데이지의 집 쪽이었던 것이다.

나는 그 때부터 개츠비를, 특별한 목적 없이 파티나 여는 사람이 아니라 생생하게 살아 있는 한 인간으로 생각되었다.

조던 양은 계속 말을 이었다.

"그 사람은 당신이 데이지를 당신 집에 초대하고, 자기도 초대해 줄 수 있는지 그걸 부탁하고 싶은 거예요."

나는 그의 부탁에 감동했다. 그는 5년간을 기다린 후 대저택을 산 것이다. 그것도 어느 날 남의 집에 '초대받을 수 있기를' 기다리면서.

"나에게 과거를 모두 말하지 않으면, 그런 작은 부탁도 직접 할 용기가 없는 사람인가요?"

"그 사람은 무서웠던 거예요. 당신이 기분이 나쁘게 생각할까 봐. 하지만 그는 강한 의지를 가지고 있어요."

조던 양이 말을 이었다.

"내 생각에 그 사람은 데이지가 자기 집 파티에 언젠가는 나타날 것이라는 기대를 한 것 같아요. 하지만 끝내 오지 않았죠. 그래서 그날 밤 파티 때, 하인이 날 부르러 왔었고요."

이미 날은 어두워져 있었다.

"그 사람은 톰에 대해서는 잘 모르고 있는 것 같아요. 데이지라는 이름을 찾을 수 있을까 해서 몇 년 동안 시카고 신문을 읽어 왔다고는 하지만."

나는 저녁놀 때문에 금빛으로 물든 조던 양의 어깨에 팔을 얹고 그녀에게 저녁을 같이 하자고 말했다.

"데이지도 뭔가 가치 있는 일을 하면 좋을 거예요."

조던 양이 속삭였다.

"그녀도 개츠비를 만나고 싶어할까요?"

"데이지에게는 아무것도 알리지 않기로 했어요. 그러니까 당신도 그냥 다과회에 초대만 하면 돼요."

개츠비와 데이지의 재회

그날 밤 내가 웨스트에그로 돌아왔을 때, 나는 한순간 우리 집 근처에서 불이 난 줄 알았다.

새벽 2시였는데, 개츠비의 집 꼭대기에서부터 지하실까지 불이 밝혀져 있었기 때문이다. 개츠비가 잔디밭을 가로질러 이쪽으로 다가오는 것이 보였다.

개츠비는 그 밤중에 수영을 하자는 둥, 코니 아일랜드로 가자는 둥 말했지만 난 자야겠다고 대답했다.

그러나 그는 돌아가지 않았다. 물어 보고 싶은 것이 있는 듯했다.

"베이커 양과 얘기했습니다. 내일 데이지에게 전화해 차를 마시러 오라고 할 참입니다."

"아, 예, 좋습니다. 그리고 또 한 가지 사소한 일이 있는데요······."

"내일말고 다른 날로 정할까요?"

"그게 아니라······."

개츠비가 말을 못하고 망설였다.

"아니, 난 단지……. 당신이 별로 수입이 많지 않은 것 같아서요."

"큰 수입은 안 됩니다."

"실례가 되지 않는다면, 나는 부업으로 장사를 좀 하는데, 채권 매매를 해 보는 것이 어떨까요, 친구?"

"노력은 하고 있지요."

"시간도 별로 들지 않고, 상당한 돈을 벌 수 있어요. 약간의 비밀만 지킨다면."

하지만 나는 그의 제안을 거절했다. 그는 그냥 집으로 돌아갔다.

그날 밤 나는 마음이 가벼웠고 행복했다. 다음 날 아침 나는 회사에서 데이지에게 전화해 다과회에 초대했다.

"톰은 데려오지 마."

데이지를 초대한 날은 비가 억수같이 쏟아졌다. 오전 11시쯤 개츠비가 보낸 잔디 깎는 남자가 내 집에 와서 잔디를 깎아 주었다.

나는 다과회 준비를 위해 홍차 잔과 레몬, 꽃 등을 샀다.

그러나 꽃은 필요 없었다. 오후 2시쯤, 개츠비가 온실을 통째로 운반해 오지 않았나 싶을 정도로 많은 꽃을 보내 왔기 때문이다.

한 시간쯤 지나자 현관문이 신경질적으로 열리더니 은빛 셔츠에 금색 넥타이를 매고 흰 플란넬 옷을 입은 개츠비가 허둥대며 들어왔다.

"신문을 보니까, 4시경엔 비가 그칠 거라더군요. 차 대접할 준비는 다 되었습니까?"

나는 준비한 것을 보여 주었다.

"훌륭합니다!"

3시 30분경에는 빗줄기가 약해지기 시작했지만, 어두운 얼굴로 창문 밖을 내다보던 개츠비가 불안한 듯 집으로 돌아가겠다고 말했다. 약속 시간은 4시였다.

"왜요?"

"아무도 안 옵니다. 너무 늦었어요."

"바보처럼 굴지 말아요. 아직 4시 2분 전 아닙니까?"

바로 그 때 대문 쪽에서 자동차 소리가 들렸다. 데이지가 라벤더색 삼각 모자를 쓰고 황홀한 미소를 지으며 나를 바라보았다.

"여기가 오빠가 사는 집이야, 닉?"

자동차에서 내리는 것을 도와주려고 손을 잡았을 때, 그녀의 손은 반짝이는 빗방울에 젖어 있었다.

"날 사랑하는 거야?"

그녀가 낮은 목소리로 속삭였다.

"운전사에게 멀리 가서 한 시간쯤 있다 오라고 해."

"한 시간 정도 있다 와요, 퍼디."

우리는 집 안으로 들어갔다. 하지만 거실은 텅 비어 있었다.

"어, 이상하군."

"뭐가?"

그 때 현관문을 점잖게 노크하는 소리가 들려왔다. 나는 문을 열어주었고, 거기에는 죽은 사람처럼 창백한 얼굴을 한 개츠비가 양손을 코트 주머니에 깊이 찔러 넣은 채 힘들어하는 표정으로 나를 바라보고 서 있었다.

현관을 지나 홀 안으로 들어온 그는 홀 안을 빙글빙글 돌면서 자신의 마음을 들키지 않으려고 노력했다. 그의 심장 뛰는 소리가 들리는 것 같았다.

홀 안쪽에서 속삭임과 웃음소리가 들렸고, 이어 데이지의 들뜬 목소리가 들려왔다.

"당신을 다시 만나 정말로 기뻐요."

나도 홀 안쪽으로 들어갔다. 벽난로에 기대 데이지에게 무관심한 척하던 개츠비가 그 위에 있던 시계를 떨어뜨렸다.

"우리는 몇 년 동안이나 만나지 못했어요."

데이지가 말했다. 그녀의 목소리는 더할 수 없이 덤덤했다.

"다가오는 11월이면 5년째가 됩니다."

개츠비의 대답도 기계적으로 들렸다. 바로 그 때 가정부가 홍차와 과자를 내왔다.

나는 그들이 서로 예의를 차리는 동안 자리에서 일어났다.

"어디 갑니까?"

당황한 개츠비가 물었다.

"곧 돌아오겠습니다."

"그 전에 할 얘기가 있습니다."

그는 허둥대며 내 뒤를 따라 부엌으로 들어와 문을 닫고는 가련한 목소리로 말했다.

"보기 좋게 실패했습니다."

그는 고개를 가로저으며 말했다.

"당신은 당황하고 있을 뿐입니다."

그리고 이렇게 덧붙였다.

"데이지도 당황하고 있어요."

"그래요?"

그의 목소리가 너무 컸다.

"당신은 마치 어린애같이 행동하는군요."

나는 참을 수 없어 화를 냈다.

"그뿐 아니라 무례하군요. 데이지를 혼자 내버려 두고."

개츠비는 원망스런 눈으로 나를 잠시 보더니 조심스럽게 문을 열고는 다시 데이지가 있는 곳으로 갔다.

나는 뒷문을 통해 밖으로 나갔다. 30분쯤 지나자 비는 완전히 그쳤고 태양이 빛나기 시작했다.

비가 오는 동안은 빗소리가 두 사람의 속삭임같이 느껴졌지만, 비가 그치고 주위가 조용해지자, 두 사람도 침묵 속으로 가라앉아 있을 것 같은 느낌이 들었다.

나는 안으로 들어갔다. 내가 들어갔다는 것을 알리기 위해 이런저런 소음을 냈다.

하지만 두 사람의 귀에는 아무 소리도 들리지 않는 모양이었다.

긴 의자의 양끝에 앉아 이야기를 나누고 있었는데, 데이지의 얼굴은 눈물로 범벅이 되어 있었다. 반면 개츠비의 얼굴은 밝게 빛나고 있었다.

지금까지는 느끼지 못했던 행복감이 충만한 얼굴로 개츠비가 거기 앉아 있었다.

"비가 멎었어요."

"잘 됐군요. 제이."

슬픔으로 눈물을 흘리던 미녀의 아름다운 목소리도 뜻밖에 찾아온 희망만을 담고 있었다.

"당신과 데이지를 우리 집으로 모시고 싶은데요."

개츠비가 말했다.

"데이지에게 우리 집을 보여 주고 싶습니다."

"정말 내가 가도 되겠습니까?"

"물론이지요, 친구."

데이지는 눈물을 닦으러 2층으로 올라갔다. 나는 2층에 있는 지저분한 내 타월을 생각했지만, 이미 때는 늦었다.

그 동안 나는 개츠비와 함께 잔디밭에 나가서 그녀를 기다렸다.

"집 앞면 전체가 햇볕을 받는데, 어떻습니까?"

나는 훌륭한 저택이라는 것에 동의를 표했다. 그의 시선은 저택의 둥근 문과 사각 탑 등을 하나하나 음미하고 있었다.

"저 집을 사는 데 꼬박 3년이 걸렸습니다."

"나는 당신이 유산을 상속받았을 거라고 생각했어요."

"그랬지요."

그는 즉각 대답했다.

"하지만 대공황으로 거의 다 잃었습니다. 그 전쟁 말입니다."

데이지 때문에 아무래도 그는 정신이 없어 보였다. 내가 묻는 말에 엉뚱한 대답을 하거나, 예의에 벗어나는 대답을 했기 때문이다.

잠시 후, 정신을 차린 그가 정중하게 대답했다.

"약을 만드는 일에 관계한 적도 있었고, 석유업에 관계한 적도 있었지만 지금은 그만두었습니다."

그렇게 말하고 그는 나를 물끄러미 바라보았다.

데이지가 집 안에서 나왔다. 드레스에 나란히 두 줄로 붙은 진주 단추가 햇빛을 받아 반짝거렸다.

"저 어마어마한 저택이란 말인가요?"

"마음에 듭니까?"

"아주 훌륭해요. 하지만 어떻게 저런 집에서 혼자 살까?"

데이지는 감탄한 듯 탄성을 지르며 건물의 모양을 이리저리 살펴보면서 칭찬했고, 정원에 들어서서는 수선화의 향기로움과 산사나무와 자두나무의 향기, 삼색 제비꽃의 향기를 맡으며 좋아했다.

대리석 돌계단까지 갔지만 현관문을 출입하는 사람들도 없었고, 새소리 외에는 아무 소리도 들리지 않는 것이 이상했다.

집 안으로 들어가서 마리 앙투아네트 양식으로 된 음악실이나 영국

복고풍의 살롱을 돌아볼 때도 주위는 조용했다.

어떤 의자나 테이블 뒤에 손님들이 숨어서 우리가 지나갈 때까지 숨을 죽이고 조용히 있으라는 명령을 받은 것 같았다.

개츠비가 '머튼 대학 도서실'의 문을 열었을 때에는, 올빼미 눈 같은 안경을 쓴 남자의 유령 같은 웃음소리가 들려올 것만 같았다.

우리는 2층으로 올라가, 장밋빛과 라벤더색 실크로 둘러싸인, 막 꺾어온 꽃들로 치장이 되어 있는 침실을 지났다.

화장실과 당구실, 그리고 깊은 욕조가 설치되어 있는 욕실도 구경했다. 어떤 방으로 들어가자 머리가 헝클어진 사람이 체조를 하고 있었다.

그는 '하숙생' 클럽 스프링거였다. 나는 그날 아침 그가 해변을 허기진 듯 어슬렁거리는 것을 보았었다.

마지막으로 개츠비의 방에 이르렀다. 그 곳은 침실과 욕실, 그리고 애덤식의 서재로 되어 있었다.

우리는 그 서재에서 개츠비가 벽장에서 꺼내 온 샤트루즈를 한 잔씩 마셨다.

개츠비는 잠시도 데이지로부터 눈을 떼지 않았다.

데이지에게 여러 가지 아름다운 것들을 보여 주었다. 그러고는 그녀가 보이는 반응의 정도에 따라, 자기 집의 모든 것을 재평가하고 있는 듯했다.

때로는 자기 물건들을 멍하니 바라보고 있었다. 마치 눈앞에 데이지가 있다는 놀랄 만한 현실 앞에서는 자기의 물건 따위는 아무런 의미가 없다는 듯이.

한 번은 흥분한 나머지 계단에서 굴러떨어질 뻔했다.

그의 침실은 어떤 방보다도 수수했다. 순금으로 단순하게 만들어진 세면 도구들이 놓인 화장대만은 예외였다.

데이지는 화장대 앞에 앉아 즐거운 듯 브러시를 들고 머리를 매만졌다. 개츠비는 의자에 앉아 두 눈을 가리고는 웃었다.

"정말로 재미있는 일은 말입니다, 친구."

그는 들뜬 목소리로 말했다.

"나는 저렇게 할 수 없거든요. 아무리 애를 써도."

그는 이미 데이지와의 만남에서 두 번째 단계는 지났고 세 번째 단계로 들어가고 있었다.

당황하고 있었지만 개츠비는 데이지가 자신의 눈앞에 있다는 것에만 온 마음을 빼앗기고 있었다.

그는 오랫동안 이 일만을 꿈꾸어 왔다. 그는 오늘 처음부터 그 때까지의 과정을 머릿속에 그려 왔을 것이다.

상상할 수 없을 정도의 대단한 집중력으로 이를 악물고 이 순간을 기다려 왔을 것이다.

이제 그는 너무 세게 감아 놓은 시계의 태엽처럼 그 반동으로 빠르게 풀려 나가고 있었다.

얼마 지나지 않아 평소의 태도로 돌아온 개츠비는 우리에게 거대한 특수 옷장 두 개를 열어 보여 주었다.

그 안에는 양복과 가운, 그리고 넥타이와 와이셔츠들이 빽빽하게 들어차 있었다.

"영국에서 내 옷을 사서 보내 주는 사람이 있는데, 그는 봄과 가을에 옷을 사서 이 곳으로 보냅니다."

그는 와이셔츠를 수십 장 꺼내 한 장 한 장 우리 앞으로 던지기 시작했다. 얇은 마 와이셔츠, 두꺼운 실크 와이셔츠, 올이 촘촘한 플란넬 와이셔츠……

그것들은 테이블 위에 떨어져 펼쳐지면서 겹쳐졌다. 우리가 감탄하자 그는 더 많은 것을 꺼내 왔다.

산호색과 연한 녹색, 라벤더색, 엷은 오렌지색 바탕에 줄무늬가 있는 와이셔츠들이 펼쳐졌다.

짙은 청색으로 개츠비의 이름 첫 글자를 새겨 넣은 것도 있었다.

갑자기 데이지는 목이 막히는지 와이셔츠 속에 얼굴을 묻고는 격렬하게 울기 시작했다.

"어쩜 이렇게 예쁜 와이셔츠가……."

그녀의 울먹이는 목소리가 와이셔츠 더미 속에서 들려왔다.

"왠지 슬퍼요. 이렇게 예쁜 와이셔츠는 본 적이 없거든요."

녹 색 등

집 안을 돌아본 뒤에는 정원과 수영장, 하이드로플레인과 정원에 핀 여름 꽃을 볼 예정이었다.

하지만 비가 다시 내리기 시작했기 때문에 우리는 창가에 나란히 서서 파도치는 해협의 거친 수면을 바라보고 있었다.

"안개가 끼지 않았다면 저쪽 편에 있는 당신 집이 보였을 텐데요."

개츠비가 말했다.

"당신네 배를 대는 방파제 끝에는 언제나 녹색등이 켜져 있더군요."

데이지가 갑자기 개츠비의 팔짱을 꼈다. 그러나 개츠비는 자신의 감정에 빠져 있는 것 같았다.

그 불빛이 가지고 있었던 커다란 의미가 이제는 영원히 소멸해 버렸다고 생각하는지도 모른다.

먼 거리에서 자신과 데이지를 갈라 놓았던 그 등불, 이제 그 등불은 가까이 다가왔다. 데이지가 바로 곁에 있는 것처럼.

그 녹색등은 지금 그저 하나의 일반적인 등이 되어 버렸다. 그것은 개츠비를 사로잡았던 것 중 하나가 줄어든 셈이다.

나는 비오는 오후의 어둑어둑한 서재를 돌아보며 여러 가지 물건들을 살펴보기 시작했다. 그의 책상 위쪽 벽에는 요트복 차림의 중년 남자 사진이 걸려 있었다.

"저 사람은 누구입니까?"

"댄 코디 씨입니다."

어디선가 들어 본 적이 있는 이름이었다.

"지금은 죽었습니다. 몇 해 전만 해도 나의 가장 좋은 친구였지요."

작은 옷장 위에 역시 같은 차림의 개츠비 사진이 놓여 있었다. 18세쯤 되었을 때의 사진 같았다.

"이 사진, 아주 맘에 드네요."

데이지가 소리쳤다.

"머리를 뒤로 빗어넘겼군요? 당신이 이런 머리를 한 적이 있다니, 나한테는 한 번도 그런 말 안 했잖아요. 요트에 대해서도."

"이걸 좀 봐요."

개츠비가 무엇인가를 보여 주었다.

"여기 스크랩이 있습니다. 당신에 관한 스크랩이지요."

두 사람은 나란히 서서 그것을 들여다보았다. 내가 언젠가 들었던 루비를 좀 보여 달라고 말하려는 순간 전화벨이 울렸다. 개츠비가 수화기를 들었다.

"여보세요……. 글쎄, 지금은 얘기하기가 좀……. 지금은 안 된다니까, 친구……. 내가 작은 도시라고 말했을 텐데……. 그도 작은 도시가 어떤 곳인지 알 텐데……. 글쎄, 그가 디트로이트를 작은 도시로 생각한다면 얘기가 안 되겠군……."

그는 전화를 끊었다.

"이쪽으로 오세요, 빨리."

창가에서 데이지가 불렀다.

아직 비는 내리고 있었지만 서쪽 하늘에는 구름 덩어리가 분홍색으로 빛나고 있었다.

"저걸 봐요."

그녀가 목소리를 죽여 말했다.

"저 분홍빛 구름을 하나 잡아 당신을 그 위에 태우고 싶어요."

나는 그쯤 해서 집으로 돌아가려고 생각했다. 하지만 두 사람은 나를 붙잡았다.

아마 내가 있어 오히려 두 사람뿐이라는 기분을 맛보는 것 같았다.

"그래, 좋은 수가 있습니다."

개츠비가 말했다.

"클립 스프링거에게 피아노를 연주하게 합시다."

그는 '유잉!' 하고 부르면서 방을 나갔다. 몇 분 후 게슴츠레한 클립 스프링거가 당황한 얼굴로 나타났다. 금발의 그는 이제 스포츠용 오픈 셔츠와 운동화, 그리고 엷은 회색 바지를 입고 있었다.

"우리가 운동을 방해한 건 아닌가요?"

데이지가 정중하게 물었다.

"자고 있었습니다."

그가 허둥대며 대답했다.

"아까 잠이 들어서……. 그러다 일어나……."

"클립 스프링거는 피아노를 칩니다."

개츠비가 끼어들었다.

"그렇지, 유잉?"

"못해요. 잘은 못합니다. 요즘엔 전혀 연습도 안했고……."

"피아노가 있는 아래층으로 갑시다."

살롱에 들어가자 개츠비는 피아노 옆에 있는 전등만을 켰다. 그리고 나서는 데이지에게 떨리는 손으로 불을 붙여 주고는, 그녀와 함께 살롱 끝에 있는 긴 의자에 나란히 앉았다.

살롱 바닥에서 반사되는 희미한 빛만 없다면 그 곳은 어두웠다.

클립 스프링거는 《사랑의 보금자리》를 연주하고는, 피아노 의자에서 일어나 당황한 듯 어둠 속에 앉아 있는 개츠비를 찾았다.

"연습을 전혀 하지 않았습니다. 못 친다고 말했죠. 연습을 통 하지 않아서……."

"말이 너무 많아, 친구."

개츠비가 말했다.

"치라구!"

문 밖에서는 비바람 소리가 거세졌고, 해협 쪽에서는 나지막하게 천둥소리가 들려왔다.

전기 기관차가 뉴욕에서 집으로 돌아오는 사람들을 태우고 빗속을 달리고 있었다. 이제 사람들의 생활에 중요한 변화가 일어날 저녁 시간이었고, 그 들뜬 기분은 주변에서도 느껴졌다.

내가 작별 인사를 하러 개츠비에게로 다가가자 개츠비는 또다시 고통스러운 얼굴로 나를 바라보았다.

현재 자신이 느끼고 있는 행복이 진짜 행복인지 어쩐지 의심이 생긴 것일까. 거의 5년 만의 만남이었던 것이다.

그날 오후만 해도 그 동안 그가 꿈꾸어 왔던 것들을 데이지가 깨어

버린 순간이 몇 번이나 있었을 것이다.

그것은 그녀의 잘못이라기보다는, 그 동안 너무나 크게 자라 버린 개츠비의 환상 탓일 것이다. 환상이 현실을 넘어섰기 때문에.

그는 마음 내키는 대로 자기 환상을 만들어 나갔고, 그것을 키워 나가면서 거기에 화려한 깃털까지 장식했던 것이다.

아무리 정열적이고 순수한 마음을 가지고 있다 해도, 남자가 한번 마음속에 키운 환상을 만족시키기란 어려울 것이다.

내가 지켜보고 있는 동안 그는 눈에 띄게 기분이 나아진 듯했다.

그는 그녀의 손을 잡았고, 그녀가 뭔가 낮은 소리로 속삭이자, 다시 감정이 되살아난 듯 그녀 쪽으로 몸을 기울였다.

아마도 그녀의 목소리가 그를 사로잡았을 것이다. 그녀의 목소리는 그가 꿈꾸기 어려울 만큼 매력적인 것이었다. 데이지의 목소리는 정말이지 하늘의 노랫소리와도 같았다.

두 사람은 나의 존재에 대해서는 잊은 듯 보였다. 다시 한 번 그들을 돌아보았지만 그들의 시선은 나에게는 별 의미가 없었다.

그것은 끓어오르는 생명에 마음을 빼앗긴 서로에게나 의미 있는 눈빛이었다. 나는 두 사람을 남겨 둔 채 서재를 빠져 나와 빗속을 걸어 내 집으로 돌아왔다.

개츠비의 과거

그 일이 있은 후 뉴욕에서 온 젊은 신문 기자가 개츠비의 집을 방문해 뭔가를 말하고 싶은 것이 없느냐고 물었다.

"말할 것이라니, 무엇에 대해서 말입니까?"

개츠비는 정중하게 물었다.

"글쎄, 어떤 말씀이든 좋습니다."

처음 5분 정도의 혼란스러운 대화 끝에 겨우 알게 된 것은, 그 기자가 신문사 주변에서 어떤 사건과 관련하여 개츠비의 이름을 들었다는 것이다.

하지만 그 사건이 어떤 것인지는 밝히려 하지 않았다. 어쩌면 넘겨짚었을지도 모른다. 어쨌든 그 기자는 휴일임에도 불구하고 기삿거리를 찾아 나선 것이었다.

기자는 우연히 개츠비를 찾아왔는지 모르겠지만, 그의 직감은 맞았다. 개츠비에게 후한 대접을 받고, 그의 과거라면 무엇이든지 알고 있다고 생각하는 수많은 사람들이 소문을 퍼뜨리고 다녔을 것이다.

그 여름 내내 개츠비의 이름은 여러 가지 의미로 유명해졌고 마침내 뉴스거리가 되어 있었다.

'캐나다로 통하는 정보망'이라는 현대판 전설의 주인공이 개츠비였다. 아주 그럴 듯하게 들리던 소문 중에는, 그는 보통의 집에서 사는 것이 아니라 언뜻 보기엔 집 같지만 배 안에서 생활하고 있다는 것이었다. 또한 그 배로 롱아일랜드 연안을 왕래한다는 것이었다.

이런 소문들은 말 그대로 소문이지만, 그것이 왜 노스다코다 주 출신의 '제임스 개츠'을 만족시켰는지 그 이유를 설명하기는 쉽지 않다.

제임스 개츠, 이것이 그의 본명이다. 17세, 세상에 첫 발을 디뎠던 그 해, 그는 그 이름을 지금의 이름으로 바꾸어 버렸다.

왜냐하면 그 때 그는 댄 코디의 요트가 슈피리어 호수의 위험 지역에 닻을 내리고 있는 것을 보았기 때문이다.

찢어진 녹색 스웨터에 바지 차림으로 호숫가를 방황하고 있던 그는 아직 제임스 개츠였다. 그는 보트를 빌려 댄 코디의 요트 근처로 갔다.

'그 곳에 그대로 닻을 내리고 있다가는 폭풍우를 만나 30분도 되기 전에 배가 산산조각날 것'이라는 말을 해 주기 위해서.

그 사실을 댄 코디에게 알려 주었을 때, 그는 이미 제이 개츠비가 되어 있었다.

개츠비의 부모는 생활력이 없는 게으른 농사꾼이었다. 개츠비가 그들을 자기 부모라고 인정하기에는 그의 꿈이 허락하지 않았다.

사실대로 말하자면, 롱아일랜드의 웨스트에그에 사는 제이 개츠비라는 인물은, 자기 자신의 머릿속에서 그려진 이상적인 인간이었다.

그는 '신의 아들'이었다. 이 말에 별다른 의미가 포함되어 있는 것이 아니라, 그 말 그대로이다. 그는 그 스스로가 만든 신이 하는 일, 즉 현란하고 거칠며 호화스러운 삶을 실현하는 일을 해야만 했다.

그가 만들어 낸 제이 개츠비라는 인물은 17세 소년이 생각해 낼 만한 일이었다. 그리고 그는 마지막까지 자신이 만들어 낸 인물의 역할에 충실했다.

그는 1년 이상, 호숫가에서 조개를 캐거나 고기를 잡는 일, 그 외에도 잠자리와 먹을 것만 해결된다면 무슨 일이든 하면서 호수의 남쪽 기슭을 헤매고 있었다.

그는 일찍부터 여자를 알았지만, 대부분의 여자들이 그의 생활을 망쳐 놓아서 결국 여자라면 무조건 경멸하게 되었다.

그러나 그의 마음은 언제나 흔들렸다.

밤에 잠자리에 들어서도 그는 기괴한 공상 때문에 괴로워했다. 세면대 위에서는 시계가 똑딱거리고 바닥에 아무렇게나 벗어던진 옷들이 늘어져 있었지만, 그의 머릿속에서는 말로는 표현할 수 없는 휘황찬란한 세계가 펼쳐지고 있었다.

그는 매일 공상에 공상을 거듭 했다. 잠시 동안은 그 공상들이 그의 상상력에 날개를 달아 주었다.

그것은 그에게 지금 이 비참한 현실은 꿈이라고 말해 주었으며, 거대한 바위와도 같은 이 현실도, 실은 가냘픈 요정의 날개 위에 놓여 있는 것에 지나지 않는다고 말해 주었다.

몇 개월 전에 그는 미네소타 주 남부에 있는 세인트 올라프라는 작은 루터교 대학에 입학했었다.

그러나 그는 2주일 만에 학교를 그만두었다. 커다란 꿈을 품은 자신에 대한 학교측의 무관심 때문이기도 했지만, 아르바이트 자리인 학교 수위 자리도 맘에 들지 않았기 때문이다.

그는 다시 슈피리어 호수로 돌아왔고, 댄 코디를 만난 날도 일거리를 찾아 헤매고 있을 때였다.

댄 코디는 당시 50세였다. 댄 코디는 1875년 이래 거듭되던 골드러시가 낳은 인물이었다.

그는 구리 광산에서 많은 돈을 벌었지만, 정신적으로 강하지 못한 그에게 접근한 여자들에게 돈을 거의 다 빼앗겼다.

어쨌든 댄 코디는 어디서든 환영받는 인물이 되어 5년간에 걸쳐 연안을 항해한 끝에, 슈피리어 호숫가에 나타난 것이다. 제임스 개츠의 운명의 신이 되기 위해.

댄 코디의 요트를 바라보는 개츠 소년의 눈에는 그 요트야말로 이 세상에서 가장 아름답고 매력적인 것으로 보였다.

소년은 분명히 댄 코디에게 미소를 지어 보였을 것이다. 소년은 자신이 미소를 지으면 대부분의 사람들이 호감을 갖는다는 것을 알고 있었기 때문이다.

여하튼 코디는 그에게 두세 가지 질문을 했는데, 그 중 하나의 질문이 개츠비라는 이름을 탄생시켰다. 소년은 자신을 '제이 개츠비'라고 소개했다.

그는 개츠비가 머리 회전이 대단히 빠르고 보기 드문 야심가라는 것을 곧 알아차렸다.

그 뒤 며칠 후, 그는 개츠비를 덜루드로 데리고 가 청색 상의 하나와 흰 삼베 바지 여섯 벌, 그리고 요트 모자를 하나 사 주었다. 그리고 뉴올로미 호가 서인도 제도와 바바리 해안을 향해 출발했을 때 개츠비도 함께 떠났다.

개츠비는 어떤 직책을 가지고 배에 탄 것은 아니었다. 코디를 따라다니는 동안 그는 요트의 급사도 되고, 선원 겸 선장도 되었다. 동시에 비서이기도 했다. 왜냐하면, 댄 코디는 자신이 술에 취하면 얼마나 주정이 심한지를 잘 알고 있었기 때문이다.

코디는 개츠비의 판단에 일을 맡기는 경우가 점점 많아졌다. 신뢰도 그만큼 깊어갔다. 그렇게 5년이 흘러갔다.

그러던 어느 날 앨러 케이가 요트에 올라타 댄 코디를 비정하게 죽이지만 않았어도 그 항해는 끝없이 계속되었을 것이다.

나는 개츠비의 침실에 걸려 있던 댄 코디의 사진을 기억하고 있다. 냉혹하지만 좀 멍해 보이는 백발의 중년 신사였다.

그는 미국 역사의 산 증인이다. 서부 개척지 술집들의 야만스럽고 거친 분위기를 점잖은 동부 해안 지방에 퍼뜨린 방탕한 개척자였다.

개츠비가 술을 마시지 않는 것도 댄 코디의 영향인 듯했다.

개츠비가 유산을 물려받은 것은, 댄 코디에게서였다. 2만 5천달러나 되었다. 그러나 그 돈은 개츠비의 손에 들어오지 않았다.

어떤 법적 문제가 있었는지 개츠비는 끝내 알지 못했다. 그 외 몇백만 달러의 유산이 고스란히 앨러 케이에게 넘어갔다.

개츠비에게 남은 것은 적절한 시기에 받은 각별한 교육뿐이었다.

이전까지 윤곽이 희미했던 제이 개츠비는 그 이후 정신적으로 강인한 남자가 되었다.

그가 내게 이런 과거지사를 말해 준 것은 훨씬 후의 일이다. 하지만 여기에 이 얘기를 적는 것은, 그의 출신 배경에 관해 떠도는 근거 없는 소문을 밝히고 싶었기 때문이다.

자신의 옛일을 내게 말했을 때, 사실 나는 그의 이야기가 모두 진실인 것 같기도 했고 또 모두 거짓인 것 같기도 해, 그를 믿어야 할지 말아야 할지 혼란스러웠다.

데이지를 만나게 해 주고는 몇 주 동안 나는 그의 모습을 보지 못했다. 나는 전화도 하지 않았다.

그 동안 나는 뉴욕에 있었는데, 조던 양을 데리고 여기저기 돌아다니거나, 그녀의 큰어머니 기분을 맞추려고 노력하던 중이었다.

그러던 어느 일요일 오후, 나는 개츠비의 집을 방문했다.

그런데 내가 도착하고 채 2분도 되지 않아 누군가가 톰 부캐넌을 데리고 술을 마시러 왔다.

나는 놀랐지만, 지금까지 그런 일이 없었다는 것이 더 놀랄 일인지도 몰랐다.

말을 타고 온 그들은 톰과 슬로운이라는 남자, 그리고 라벤더색 승마복을 입은 예쁜 여자였는데, 그 여자는 전에도 개츠비의 집에 온 일이 있었다.

"잘 오셨습니다."

개츠비가 현관 앞에 서서 예의를 갖추었다.

"들러 주셔서 기쁩니다."

개츠비는 마치 그들을 기다렸다는 듯이 말했다.

"자, 앉으십시오. 담배도 있고 시거도 있습니다."

개츠비는 방 안을 분주하게 돌아다니며 하인들을 부르기 시작했다.

"곧 뭔가 마실 것을 가져오게 하겠습니다."

개츠비는 톰이 왔다는 사실에 몹시 흥분하고 있었다. 톰이 그저 술이나 마시러 왔다고 생각한 개츠비는 뭔가 마실 것이 나오기만을 기다리고 있었다.

슬로운 씨는 아무것도 마시고 싶지 않다고 말했다.

"레모네이드라도 한잔 하시지요."

"아니, 괜찮습니다."

"그럼 샴페인을 좀 하시겠습니까?"

"감사하지만……. 정말 괜찮습니다."

"오시는 길은 어땠습니까?"

"이 주위는 길이 아주 좋습니다."

개츠비는 슬로운 씨와 그런 말을 주고받다가 충동을 참지 못하고 톰을 향해 말했다.

"전에 분명 어디선가 뵌 적이 있습니다만, 부캐넌 씨."

"아, 그랬군요."

톰은 퉁명스럽지만 예의바르게 대답했다.

"그랬었죠. 기억납니다."

"2주일쯤 전이었습니다."

"맞습니다. 여기 있는 닉하고 함께 있었죠."

"저는 당신 부인을 알고 있습니다."

개츠비는 공격적인 태도로 말을 이었다.

"그래요?"

톰이 나를 돌아보았다.

"닉, 자네 집이 이 근처지?"

"바로 옆집이라네."

"그런가?"

슬로운 씨는 우리의 대화에 끼어들지 않고 의자 등받이에 거만한 자세로 몸을 기대고 있었다. 여자도 입을 열지 않았다.

그러나 그녀는 하이볼을 두 잔 마시고 나더니 입을 열었다.

"개츠비 씨, 우리 모두 댁의 다음 파티에 올 생각이에요. 괜찮지요?"

"물론입니다. 그래 주시면 정말 기쁘겠습니다."

"친절하시군요."

슬로운 씨는 별로 고마워하지 않는 투로 말했다.

"이제 슬슬 돌아가야 할 시간 아냐?"

"서두르지 마십시오."

개츠비가 말했다. 이미 안정을 찾은 그는 톰을 좀더 관찰하고 싶었던 것이다.

"괜찮으시다면 저녁이라도 함께 하지 않겠습니까? 뉴욕에서 다른 사람도 올지 모르니까요."

"당신이야말로 우리랑 함께 식사하러 가시죠."

여자가 말했다.

"두 분 다요."

거기에는 나도 포함되어 있었다. 슬로운 씨가 자리에서 일어섰다.

"가시지요."

슬로운 씨가 그렇게 말했지만, 그것은 여자에게 하는 말이었다.

"진심이에요."

그녀는 강조했다.

"내가 살게요."

개츠비는 어떻게 해야 할지 몰라 나를 돌아보았다. 그는 가고 싶은 것 같았다. 그러나 슬로운 씨는 별로 개츠비와 같이 가고 싶은 눈치가 아니었다.

"유감입니다만, 나는 갈 수 없습니다."

내가 말했다.

"그럼 당신만이라도 오세요."

그녀가 개츠비에게 권했다.

슬로운 씨가 그녀의 귀에 대고 뭐라 속삭였다.

"지금 출발하면 늦지 않아요."

그녀는 그렇게 우겼다.

"저는 말을 갖고 있지 않습니다."

개츠비가 말했다.

"군에 있을 때는 늘 탔지만, 말을 산 적은 없습니다. 차로 따라가겠습니다. 잠시만 기다려 주시겠습니까?"

뒤에 남은 우리는 현관으로 나갔다. 슬로운 씨는 여자 옆으로 다가가 화난 목소리로 말했다.

"이런, 저 친구 분명히 따라온다구."

톰이 말했다.

"따라오는 걸 싫어한다는 걸 모르는 거야?"

"근사한 저녁을 살 모양인데, 거기엔 개츠비가 아는 사람은 하나도 없을걸."

슬로운이 그렇게 말하며 얼굴을 찡그렸다.

"그런데 대체 저 친구 어디서 데이지를 만난 거야? 요즘 여자들은 아무 데나 놀러 다닌단 말이야. 마음에 안 들어. 별의별 미치광이 같은 인간하고 만나게 되니까 말이야."

그러더니 갑자기 슬로운 씨와 여자는 돌계단을 내려가 말 위에 올라탔다.

"가자구."

슬로운 씨가 톰에게 말했다.

"늦겠어. 이제 그만 돌아가야 해. 기다릴 수 없어 갔다고 그 사람에게 전해 주겠나?"

톰이 내게 말했다.

톰과 나는 악수를 했고, 나머지 두 사람과는 그저 고개만 끄덕였다. 그들은 가 버렸다. 잠시 후 개츠비가 현관문으로 나왔다.

아무래도 톰에게는 데이지 혼자 파티에 참석하는 것이 불안하게 느껴진 것 같았다.

다음 토요일 저녁, 그는 개츠비의 파티에 그녀를 따라왔던 것이다. 톰이 파티에 참석하자 파티의 분위기는 무거워졌고 답답했다.

그 여름 개츠비의 집에서 열렸던 어떤 파티보다도 그 날의 파티가 가장 생생하게 내 기억 속에 남아 있다.

모일 만한 사람은 다 모였고, 샴페인의 홍수도 예전과 같았고, 떠들썩한 소리 또한 다른 때와 마찬가지였다.

그러나 그날 밤 파티는 알 수 없는 불쾌감으로 가득 차 있었고, 분위기는 전체적으로 험악했다.

나는 어쩌면, 그 날 데이지의 눈을 통해서 세계를 다시 바라보고 있었는지도 모른다.

톰과 데이지가 도착한 것은 저녁 무렵이었다. 우리는 함께 수많은 파티 손님들 사이를 한가하게 거닐고 있었다. 데이지가 그 독특한 목소리로 개츠비에게 속삭였다.

"이런 모습을 보면 난 가슴이 두근거려요. 오늘 밤 내게 키스하고 싶으면 언제든 알려 줘요. 기꺼이 상대해 줄 테니까. 내 이름을 부르기만 하면 돼요."

"여기저기 돌아보십시오."

개츠비가 권했다.

"보고 있어요. 지금 나는 정말······."

"이름만 듣던 유명한 사람들도 볼 수 있을 겁니다."

톰이 오만한 시선으로 손님들을 둘러보았다.

"내가 아는 유명한 사람은 한 사람도 안 보이는군요."

"저 부인은 아마 아실 겁니다."

그렇게 말하고 개츠비는 흰 자두나무 아래 앉아 있는, 인간미라고는 전혀 없어 보이는 난초 같은 여자를 가리켰다.

톰과 데이지는 영화에서나 보아 왔던 영화 배우를, 믿기 어렵다는 듯 바라보았다.

"정말 아름답군요."

데이지가 말했다.

"그녀의 곁에서 허리를 굽히고 있는 남자는 영화 감독입니다."

개츠비는 사람들 사이를 돌아다니며 두 사람을 점잖게 소개했다.

"부캐넌 부인과······. 그리고 부캐넌 씨입니다."

그는 망설이다 이렇게 덧붙였다.

"축구 선수입니다."

"아, 아닙니다."

톰은 재빨리 부정했다.

"난 선수가 아닙니다."

그러나 개츠비는 그 말에 대한 톰의 반응이 마음에 들었던지, 그날 밤 내내 톰을 '축구 선수'라고 소개했다.

"유명 인사들을 이렇게 많이 만난 것은 처음이야."

데이지가 큰 소리로 말했다.

"난 저 남자가 마음에 들어. 이름이 뭐라고 했더라? 어딘지 청교도적인 분위가 느껴져······."

개츠비는 그 남자의 이름을 말해 주면서, 시시한 프로듀서라고 했다.

"그래도 난 저 사람이 마음에 들어."

"나는 이제 축구 선수 역할을 그만두는 게 좋겠습니다."

톰이 유쾌한 듯 말했다.

"그저 유명인들을 멀리서 바라보는 것이 낫겠습니다."

데이지와 개츠비가 함께 춤을 추었다.

나는 개츠비의 우아하면서도 조심스러운 폭스 트롯 스텝에 놀랐던 것을 지금도 기억하고 있다. 그 때까지 난 그가 춤추는 것을 본 적이 없었기 때문이다.

마침내 두 사람은 천천히 걸어서 내 집 쪽으로 가 30분 정도를 현관 앞 돌계단에 앉아 있었다.

데이지와 개츠비, 그리고 내가 저녁 식사 테이블에 앉아 있을 때, 톰이 모습을 나타냈다.

"저쪽 사람들과 함께 식사해도 괜찮겠소?"

"재미있는 얘기를 하는 사람이 있어서."

톰이 데이지에게 물었다.

"그러세요."

데이지가 상냥하게 대답했다.

그녀는 잠시 둘러보더니 나에게 톰 옆에 앉아 있는 여자에 대해서 이렇게 말했다.

"그저 그런 여자지만 예쁘군."

그녀는 개츠비와 둘이서 보낸 30분을 제외하고는 그 파티가 별로 즐겁지 않은 것 같았다.

　우리 테이블에는 특히 취한 사람이 많았다. 내가 잘못했다. 개츠비가 전화를 받으려고 안으로 들어갔을 때, 나는 2주 전에 동석했던 사람들과 앉았던 것이다. 그 때는 분위기가 괜찮았는데 이 날은 재미가 없었다.

　"베데커 양, 기분이 어떠세요?"

　그녀는 녹초가 돼 내 어깨에 기대려 했지만, 그것도 힘든 모양이었다. 그녀는 내 질문에 몸을 추스렸다.

　"뭐라구요?"

　아까부터 몸집이 크고 둔한 여자가 베데커 양을 변호하고 있었다.

　"그녀는 이젠 괜찮아요. 칵테일을 대여섯 잔 하면 꼭 저런 식으로 소리를 질러요. 그래서 술을 끊으라고 내가 말해 주곤 해요."

　"소리 지르지 않았어!"

베데커 양이 또 소리를 질렀다.

그 날은 이런 식이었다. 마지막으로 내가 기억하는 것은 내가 데이지
와 나란히, 아까 보았던 영화 감독과 배우의 모습을 지켜보고 있었던
일이다.

두 사람은 그 때까지도 계속 흰 자두나무 아래 있었는데, 서로의 얼
굴이 금방이라도 닿을 만큼 가까웠다.

그날 저녁 내내 아주 조금씩 몸을 그녀 쪽으로 기울여 마침내는 코라
도 닿을 듯 가까워진 것 같았다.

마침내 영화 감독이 그녀의 볼에 입술을 대는 것이 보였다.

"난 저 여자가 좋아요. 사랑스럽잖아요."

데이지가 말했다.

그 여자 외 다른 사람들은 데이지의 마음에 들지 않는 모양이었다.

아니 데이지에게는 그 곳 자체가 마음에 들지 않았던 것이다.

그녀는 롱아앨랜드의 한 어촌에 자리 잡은 개츠비의 저택에 두려움을 느꼈던 것이다.

그 지방의 생생한 활력과 강렬한 힘 같은 것이 두려웠던 것이다. 다시 말해, 겉으로는 약해 보이지만 그 안에 어떤 무서운 힘이 들어 있다는 것을 발견했던 것이다.

데이지 부부가 차를 기다리는 동안 나는 현관 앞 돌계단에 같이 앉아 있었다. 현관 앞 주위는 어두웠다.

"그건 그렇고, 저 개츠비라는 사람은 뭐 하는 작자야?"

갑자기 톰이 물었다.

"몰래 술 만들어 파는 사람인가?"

"어디서 그런 얘길 들었어?"

내가 물었다.

"들은 게 아니고 상상한 거야. 저런 벼락부자들은 대개 몰래 술을 만들어 파는 사람들 아닌가!"

"개츠비는 아니야."

나는 무뚝뚝하게 말했다.

"아무튼 저만큼 구경거리가 될 만한 인간들을 모으느라고 그 작자 고생 좀 했겠는걸."

데이지가 두른 모피 목도리의 회색 털이 바람에 날렸다.

"하지만, 저 사람들…… 우리가 알고 있는 사람들보다 훨씬 재미있는데요."

데이지가 말했다.

"당신은 저기 온 사람들에게 별로 관심 없어 보이던데."

"아니에요, 재미있었어요."

톰이 웃으며 내 얼굴을 바라보았다. 데이지는 음악 소리가 들려오자 그 노래를 따라 부르기 시작했다.

"초대받지 않은 사람들도 많이 왔던데요."

문득 그녀가 말했다.

"저 사람은 마음이 약해서 오겠다는 사람은 거절하지 못하지."

"저자가 어떤 사람이고, 무슨 일을 하는지 알고 싶어."

톰이 말했다.

"그는 여러 개의 약국을 가지고 있어요."

데이지가 말해 주었다.

잠시 후 톰과 데이지를 태우기 위한 리무진이 왔다.

"잘 자요, 닉."

데이지가 말했다. 그녀의 시선은 불이 켜진 현관 계단에서 누군가를 찾는 듯했다.

그날 밤 나는 늦게까지 남아 있었다. 개츠비가 자기를 기다려 달라고 했기 때문이다. 기다리는 동안 나는 그의 정원을 거닐었다.

마침내 개츠비가 돌계단을 내려왔을 때, 그의 얼굴은 이상하게 굳어 있었고 피곤해 보였다.

"그녀는 오늘 파티를 좋아하지 않았지요?"

개츠비는 나오자마자 내게 물었다.

"그렇지 않아요."

"아니, 마음에 안 들어 했소. 별로 즐거워하지 않았소."

이렇게 말하고 그는 입을 다물어 버렸다.

"어쩐지 난 데이지로부터 멀어진 느낌이 들어요. 그녀에게 내 마음을 이해시키기가 어렵습니다."

그는 우울하게 말했다.

"춤에 대해서 말하는 겁니까?"

"춤이라니요?"

그는 그날 밤 자기가 데이지와 추었던 춤을 싹 잊어버린 듯했다.

"친구, 춤 같은 건 중요한 문제가 아닙니다."

그는 데이지가 톰에게 '당신을 사랑한 적이 한 번도 없다'고 말해 주기를 원했다고 했다.

그는 그 한 마디로 지난 5년간의 세월을 다 잊어버리고 데이지와 결혼할 계획을 세우고 있었던 것이었다.

그녀가 톰과 이혼한 후 자유로운 몸이 되어, 루빌로 돌아가 그녀의 부모님께 허락을 받고 결혼하는 것, 그것을 생각했던 것이다.

"그런데 그녀는 내 말을 이해하지 못하는 겁니다. 예전에는 서로를 금방 이해했는데, 예전에 우리는 몇 시간이고 같이 앉아서……."

개츠비는 거기서 말을 끊었다.

"나라면 그녀에게 그렇게 힘든 것은 요구하지 않겠습니다."

나는 용기를 내어 개츠비에게 말했다.

"과거로 돌아갈 수는 없는 일입니다."

순간, 개츠비의 얼굴이 일그러졌다.

"과거로는 돌아갈 수 없다구요?"

개츠비가 소리쳤다.

"아니, 그럴 수 있습니다."

개츠비는 흥분해서 말했다.

"나는 뭐든지 예전으로 돌려놓을 겁니다. 데이지의 일도 두고 보면 알게 될 것입니다."

개츠비는 확신에 차 고개를 끄덕였다.

그날 새벽, 개츠비는 내게 과거의 여러 가지 일들을 말해 주었다. 그 얘기를 듣는 동안 나는 그가 실제의 데이지와는 다른 상상 속의 데이지를 사랑하는 것이 아닌가 생각했다.

5년 전 어느 가을날 밤 두 사람은 낙엽 지는 샛길을 걷고 있었다. 그날 밤 가슴속의 고동 소리가 점점 빨라지고 있을 때, 데이지의 하얀 얼굴이 그의 얼굴로 다가왔다.

그는 그녀에게 키스했다. 그의 입술에 닿은 그녀는 마치 한 송이 꽃처럼 피어났고, 그리하여 그 결합은 완벽하게 이루어졌다.

그의 이야기는 지나치게 감상적이었지만, 먼 옛날 어디선가 들었던 음악의 리듬이나, 잊었던 이야기의 한 조각이 떠오르는 듯한 기분이 들었다.

드라이브

그 때는 개츠비에 대한 나의 호기심이 가장 많았던 때였다. 토요일 밤인데도 그의 저택엔 끝내 불이 켜지지 않았다.

벼락부자로 시작된 그의 생활도 어딘가 미심쩍었지만, 그 끝도 이유를 알 수 없게 끝나 버렸다.

많은 자동차들이 기대에 부풀어서 그의 집으로 들어갔다가는 이내 실망스럽게 되돌아가는 것을 나는 보게 되었다.

나는 개츠비가 아프기라도 한 것이 아닐까 생각하고는 그를 만나러 갔다. 낯선 하인이 문간에서 나를 맞았다.

"개츠비 씨가 어디 몸이 불편합니까?"

"아니오."

"요즘 만나 뵙지를 못해서요. 캐러웨이가 왔었다고 전해 주시오."

"누구요?"

하인이 무례한 태도로 되물었다.

"캐러웨이."

"캐러웨이? 알겠소. 전해 드리지요."

그는 문을 쾅 닫고 안으로 들어갔다.

우리 집 가정부의 말에 의하면, 개츠비는 일주일 전쯤 하인들을 모두 내보내고 새로 6명을 고용했다고 한다.

그 하인들이 잡상인들을 끌어들이면 안 되기 때문에, 그들은 한 번도 웨스트에그 마을까지 나간 적이 없다고 했다.

필요한 물건도 전화로 주문했다. 물건 배달하는 사람에 의하면, 부엌이 마치 돼지우리처럼 변했다고 한다.

동네 사람들은 그 하인들이 진짜 하인이 아니라고 했다.

다음 날 개츠비로부터 전화가 왔다.

"어디로 이사가십니까?"

내가 물었다.

"아닙니다, 친구."

"하인들을 모두 해고했다고 들었는데요."

"소문내지 않을 사람들을 두고 싶어서 그랬습니다. 데이지가 자주 오니까요. 보통 오후에 오지요."

그러니까 데이지 때문에 그 대저택 전체가 달라진 것이었다.

"이번에 새로 들어온 사람들은 울프샤임이 돌봐 주고 싶어하는 사람들입니다. 모두 형제자매지요. 예전에는 작은 호텔에서 일했습니다."

"그랬군요."

그가 내게 전화를 건 것도 데이지의 부탁 때문이었다. 나에게 내일, 자기 집으로 개츠비와 함께 점심 먹으러 오라는 얘기를 전해 주라고. 조던 베이커 양도 온다고 했다.

30분 후 데이지가 직접 전화를 했다.

그녀는 내가 가겠다고 하자 안심하는 눈치였다. 무슨 일이 있는 모양이었다. 하지만 점심 식사 자리에서 소란을 일으키지는 않을 것이다.

다음 날은 타는 듯이 뜨거웠다.

개츠비와 내가 부캐넌의 집 앞에서 안내를 기다리고 있을 때, 홀 안에서 전화벨 소리가 들렸다. 하인이 전화를 받아 통화를 했다.

하인은 수화기를 내려놓고 땀에 젖은 얼굴을 번들거리며 우리 쪽으로 다가와 우리의 뻣뻣한 밀짚모자를 받아들었다.

"부인께선 살롱에서 기다리십니다."

그는 소리 높여 말하면서 우리가 잘 알고 있는 살롱 쪽을 가리켰다.

그 방은 차양으로 햇빛을 가려 놓았기 때문에 약간 어두웠고 시원했다. 데이지와 조던 양이 커다란 긴 의자에 누워 있었다.

"더워서 움직이지도 못하겠어."

두 사람이 동시에 말했다.

조던 양은 햇빛에 그을린 피부에 흰 파우더를 바른 손을 잠시 내 손에 맡겼다.

"스포츠맨 톰 부캐넌 씨는 어디 있나요?"

내가 물었다.

그 순간 홀에서 그의 무뚝뚝하고 쉰 목소리가 들려왔다.

개츠비는 주홍색 카펫 한가운데 서서 멍하니 주변을 둘러보고 있었다. 데이지는 개츠비를 바라보더니 사람을 끄는 달콤한 웃음소리를 냈다. 그녀가 웃자 그녀의 가슴 위에서 파우더 가루가 공중에 떠올라 춤을 추었다.

"소문에 의하면 저 전화 상대는 톰의 애인이래요."

조던 양이 작은 목소리로 말했다.

우리는 입을 다물었다. 톰의 목소리는 귀찮은 듯 화가 나 있었다.

"그럼 좋아. 당신한테 그 차를 파는 건 그만두기로 하지…… . 난 당신한테 빚진 거 없으니까. 그리고 점심 식사 때 그런 일로 내게 전화한다면 용서하지 않겠어!"

"수화기를 내려놓고 우리 들으라고 괜히 저러는 거예요."

데이지가 빈정거렸다.

"아니, 그건 아니야."

내가 데이지에게 말했다.

"저건 진짜 거래하는 거야. 내가 우연히 그 사실을 알게 되었거든."

문이 휙 열리고 톰이 우람한 몸으로 문을 막는 듯하더니 서둘러 안으로 들어섰다.

"여어, 개츠비 씨!"

그는 개츠비가 싫으면서도 그렇지 않은 척 악수를 청했다.

"잘 오셨습니다…… . 닉도…… ."

"시원한 음료 좀 가져오세요."

데이지가 날카롭게 소리쳤다.

톰이 방을 나가자 데이지는 의자에서 일어나 개츠비의 옆으로 가더니 그의 입술에 키스했다.

"내가 당신 사랑하는 거 알고 있죠?"

그녀가 속삭였다.

"여기 나도 있다는 걸 잊으면 안 돼."

조던 양이 말했다.

데이지는 조던 양을 장난스럽게 바라보았다.

"그럼 당신도 닉에게 키스해요."

"어머, 어쩜 그렇게 상스러운 말을!"

"난 누가 뭐래도 상관없어."

데이지는 그렇게 말하고는 벽돌로 된 난로 위에서 춤을 추기 시작했다. 그러다가 창피한지 거기에서 내려와 긴 의자에 다시 앉았다.

그 때 유모가 새 옷을 입힌 여자아이를 데리고 들어왔다.

"내 소중한 귀여운 아가."

데이지는 상냥하게 말하면서 두 팔을 벌렸다.

"사랑하는 엄마한테 와요."

아이는 곧장 뛰어와 그녀의 드레스에 안겼다.

"소중하고 귀여운 딸! 엄마 때문에 네 금발머리에 화장품이 묻지 않았니? 자, 똑바로 서서 '안녕하세요' 해야지."

개츠비와 나는 교대로 몸을 굽혀서 아무 생각 없이 내민 소녀의 작은 손을 잡았다.

개츠비는 그 여자아이를 놀란 듯 계속 바라보았다. 그는 그 때까지 아이의 존재를 믿지 않았던 모양이었다.

"나 점심 먹기 전에 옷 바꿔 입었어요."

아이는 그렇게 말하며 데이지를 바라보았다.

"그건 엄마가 널 다른 사람에게 자랑하고 싶어서야."

그녀는 딸의 작고 흰 목에 얼굴을 묻었다.

"넌 내 꿈이야. 작고 소중한 꿈."

"조던 아줌마도 하얀 드레스를 입었네?"

아이가 말했다.

"너도 엄마 친구들이 좋니?"

그렇게 말하면서 데이지는 딸의 몸을 돌려 개츠비에게 보여 주었다.

"저 아저씨들 멋지지 않니?"

"아빠는 어딨어?"

"이 아인 제 아빠를 안 닮았어요."

데이지가 말했다.

"나를 닮았어요. 머리카락도 얼굴도 모두 나를 닮았지요."

데이지는 긴 의자 위에 다시 앉았다. 유모가 아이 손을 잡았다.

"가자, 패미."

"안녕, 내 아가."

예의가 바른 여자아이는, 가고 싶지 않은 듯 뒤를 돌아보았지만 유모를 따라 문 밖으로 나갔다.

그 때 톰이 얼음을 가득 채운 술잔을 들고 들어왔다. 개츠비가 잔 하나를 집어들었다.

"이거 정말 시원할 것 같습니다."

개츠비가 긴장한 얼굴로 말했다. 우리 모두는 숨도 쉬지 않고 그 술잔을 비웠다.

"어느 책에서 읽었는데 태양이 해마다 뜨거워진대요."

톰이 말했다.

"이제 곧 지구는 태양에서 떨어져 나올 것 같소. 아니 가만, 그 반대지. 태양이 해마다 차가워져 가는 거요."

"밖으로 나갑시다."

톰이 개츠비에게 말했다.

"내 집을 보여 주고 싶소."

나는 그들과 함께 베란다로 나갔다. 바다에서 작은 요트 한 척이 서서히 움직이고 있었다.

"우리 집은 바로 저 건너편입니다."

"그렇군요."

우리는 장미 화원과 뜨거워진 잔디, 물가에 난 잡초들을 보았다. 아까

보았던 작은 요트가 푸르고 시원한 하늘을 배경으로 느릿느릿 움직이고 있었다.

톰이 턱으로 그쪽을 가리키면서 말했다.

"기분 전환에 좋겠군. 저걸 타고 한 시간쯤 바다로 나가고 싶소."

우리는 식당에서 점심을 먹으며 시원한 맥주와 함께 불안한 시간을 보냈다.

"오늘 오후에는 뭘 하죠?"

데이지가 소리쳤다.

"그리고 내일, 모레는요? 앞으로 30년은 뭘 하면서 살지요?"

"병적으로 굴지 말아요."

조던 양이 말했다.

"가을이 오고 상쾌해지면 또다시 새로운 인생이 시작될 거예요."

"너무 더워."

데이지는 금방이라도 울 것 같았다.

"모든 것이 혼란스러워. 우리 모두 뉴욕에 가요!"

그녀는 말도 안 되는 소리를 했다.

"마구간을 차고로 고쳤다는 얘기는 들은 적이 있어요."

톰이 개츠비에게 얘기하고 있었다.

"그런데 차고를 마구간으로 만든 사람은 내가 처음일 거요."

"뉴욕에 가고 싶은 분?"

데이지가 말했다. 그런 그녀 쪽으로 개츠비가 얼굴을 돌렸다.

"어머!"

그녀의 목소리가 높아졌다.

"아주 멋져요."

두 사람의 눈이 마주쳤다. 두 사람은 가만히 서로를 바라보았다. 그녀가 먼저 시선을 테이블 위로 떨구었다.

"당신은 언제나 정말 멋져요."

그녀는 같은 말만 되풀이했다.

그 말은 개츠비를 사랑하고 있다는 말과 같았다. 톰 부캐넌이 그 말 뜻을 알아차렸다.

"당신, 광고에 나오는 남자 같아요."

데이지가 아무것도 모른 척 개츠비에게 말했다.

"광고에 나오는 남자……."

톰이 끼어들었다.

"좋아. 나는 뉴욕에 가는 것 대찬성이야. 가, 가자고. 모두 뉴욕으로 갑시다."

그는 자리에서 일어났다. 하지만 그의 눈빛은, 개츠비와 데이지 사이에서 빠르게 왔다갔다 했다. 아무도 움직이는 사람이 없었다.

"가자구!"

톰이 약간 화가 난 목소리로 말했다.

"도대체 뭐야? 뉴욕에 안 갈 거야."

데이지의 그 말에 우리는 그제서야 일어서서 불타는 듯 뜨거운 바깥으로 나갔다.

"이대로 그냥 가자구요?"

데이지가 불만스럽게 말했다.

"담배 좀 피우고 출발해요."

"모두들 식사하는 동안 피웠잖아?"

"하지만 재미없었어요."

데이지가 톰에게 간청했다.

데이지와 조던이 떠날 준비를 하려고 2층으로 올라갔다. 그 동안 우리 세 사람은 뜨거운 햇빛 아래 그대로 서 있었다.

서쪽 하늘에는 벌써 달이 나오기 시작했다.

"이 곳에 마구간이 있습니까?"

개츠비가 물었다.

"이 길로 4분의 1마일 정도 가면 있습니다."

"아하."

또다시 이야기가 끊겼다.

"뉴욕에 가자니 원, 무슨 생각인지……."

갑자기 톰이 역정을 냈다.

"여자들이란 생각하는 것하고……."

"마실 것 좀 가지고 갈까요?"

2층에서 데이지가 외쳤다.

"내가 위스키를 가지고 가지."

톰은 그렇게 대답하고는 집 안으로 들어갔다.

개츠비가 어색하게 나를 바라보았다.

"친구, 난 저 사람 집에서는 아무 말도 못하겠어요."

"데이지는 천박한 목소리를 가졌어요. 그 목소리에는……."

나는 적당한 표현이 떠오르지 않아 한참을 망설였다.

"그녀의 목소리에서는 돈 냄새가 나요. 돈 냄새로 가득해요."

갑자기 개츠비가 그렇게 말했다.

그랬다. 그 때까지 나는 깨닫지 못했지만, 그녀의 목소리는 돈으로 가득 차 있었다. 높고 낮게 파도치는 그녀의 목소리에서는 돈 냄새가 났고 또 그것이 그녀의 매력이었다.

높은 곳에 있는 하얀 궁전의 공주, 황금 옷을 입은 여자…….

톰이 1쿼터짜리 위스키 병을 타월로 싸면서 집에서 나왔다. 그 뒤를 이어서 데이지와 조던 양이 금속 느낌이 나는 모자를 쓰고 나왔다.

"모두 함께 내 차로 가시겠습니까?"

개츠비가 그렇게 말하고 뜨거운 녹색가죽 시트를 만져 보았다.

"당신은 내 차로 가시고, 내가 당신 차를 운전하면 어떨까요?"

톰이 그런 제안을 했지만, 개츠비는 달가워하지 않았다.

"기름이 떨어져 갈 텐데요."

톰의 제안을 거절하려는 듯 개츠비가 그렇게 말했다.

"기름은 충분합니다."

톰이 계량기를 보더니 말했다.

"떨어지면 약국에 들르지요. 요즘에는 약국에서 뭐든 판다니까요."

너무도 어처구니없는 말이었다. 톰이 개츠비를 비아냥거리는 소리였다. 그 소리에 모두 입을 다물었다. 데이지는 미간을 찌푸리고 톰을 바라보았다.

개츠비는 아무 말도 못하고 서 있었다.

"가자고, 데이지."

톰은 그렇게 말하면서 한 손으로 그녀를 개츠비의 자동차 쪽으로 데려갔다.

"당신을 이 서커스 마차에 태우고 가지."

톰이 개츠비의 자동차 문을 열었다. 그러나 데이지는 그의 손을 휙 뿌리치며 말했다.

"당신이 닉과 조던을 태우고 가세요. 우리는 당신 차로 뒤를 따라갈 테니."

그녀는 개츠비 옆으로 걸어가 그의 옷을 매만졌다. 조던과 톰, 그리고 나는 개츠비의 자동차 앞좌석에 올라탔다.

그리고 우리는 찌는 듯한 열기 속으로 뛰어들었다. 뒤에 남은 개츠비

와 데이지의 모습이 금방 멀어졌다.

"보았나?"

톰이 물었다.

"보다니, 뭘?"

톰이 예리한 눈초리로 날 쏘아보았다.

"자넨 날 멍청한 놈으로 알고 있지."

그가 나를 떠보았다.

"그럴지도 모르지. 그러나 내겐 육감이라는 것이 있어. 그것이 내가 어떻게 행동해야 할지 가르쳐 주지. 자넨 믿지 않겠지만……."

"나는 그 작자에 대해 조사를 좀 해 봤지."

그는 말을 이었다.

"진작에 알아봤더라면 더 많은 것을 알아 냈을 텐데……."

"점쟁이한테라도 갔다 왔단 말이에요?"

조던 양이 익살스럽게 물었다.

"뭐라구?"

톰은 웃고 있는 나와 조던 양을 의아한 표정으로 쳐다보며 말했다.

"점쟁이라구?"

"개츠비의 일에 대해 알아봤다면서요."

"개츠비의 일? 아니야. 그게 아니라, 난 저 작자의 과거를 좀 조사해 봤다는 거야."

"그래서 그 사람이 옥스퍼드 출신이라는 걸 알게 되었군요."

조던 양이 위로하듯 말했다.

"옥스퍼드 출신이라구?"

톰은 그런 말은 믿을 수 없다는 듯 말했다.

"말도 안 돼! 녀석은 분홍색 옷을 입고 다니는 놈이야."

"그래도 그 사람 옥스퍼드 출신이에요."

"뉴멕시코 주에 있는 옥스퍼드 말인가?"

톰이 경멸하듯 코웃음을 쳤다.

"그럼, 왜 그런 거짓말쟁이를 식사에 초대한 거죠?"

조던 양이 짓궂게 물었다.

"데이지가 부른 거야. 데이지는 우리가 결혼하기 전부터 그자를 알고 있었던 거야. 어디서 어떻게 알게 되었는지는 내 알 바 아니지만."

술이 좀 깬 우리들은 이제 모두 신경이 날카로워져 있었다. 아무도 입을 열지 않았다.

드디어 길 저편에 에클버그 박사의 커다란 눈동자가 보였을 때, 나는 문득 기름 생각이 났다.

"뉴욕까지 가기엔 충분해."

톰이 말했다.

"저쪽에 주유소가 있잖아요."

조던 양이 기름을 넣자고 말했다.

"난 이 더운 날 기름이 떨어져 오도가도 못하는 건 싫어요."

톰이 브레이크를 밟으며 갑자기 윌슨의 가게 앞에 차를 세웠다. 잠시 후 주인이 나타나 움푹 들어간 눈으로 차를 살폈다.

"기름을 넣어 줘."

톰이 거칠게 외쳤다.

"뭣 때문에 내가 차를 세웠겠나? 경치라도 구경하려는 줄 아나?"

"몸이 아파서요."

윌슨은 움직이지 않고 말했다.

"하루 종일 몸이 안 좋습니다."

"어떻게 된 거야?"

"식사를 방해할 생각으로 전화한 건 아닙니다. 당신이 그 낡은 차를 어떻게 하실지 궁금해서요."

"왜, 돈이 필요한가?"

"서부로 갈 생각입니다."

"자네 처도?"

"네. 안 간다 해도 데려갈 겁니다."

그 때 개츠비와 데이지가 탄 차가 모래 먼지를 일으키며 우리 앞을 휙 지나갔다. 차 안에서 열심히 손을 흔드는 것이 보였다.

"얼마지?"

톰이 기름값을 물었다. 하지만 윌슨은 다른 얘기를 했다.

"전 말이죠. 이틀 전에 좀 이상한 사실을 알게 되었습니다. 그래서 여 길 떠나려고요."

하지만 윌슨은 톰을 의심하는 것이 아니었다. 윌슨은 머틀이 자기와는 전혀 다른 세계에서 별개의 생활을 한다는 것을 알고는 병이 난 것이었다.

잿빛 산 저편에서 에클버그 박사의 눈이 우리를 끊임없이 감시하고 있었지만, 그것과는 달리 살아 있는 눈이 우리를 지켜보고 있는 것을 깨달았다.

윌슨의 가게 2층에 있는 커튼 안쪽에서 머틀 윌슨이 우리를 지켜보고 있었다. 머틀은 조던 베이커 양을 톰의 아내라고 생각하고 있었다. 그녀의 눈은 질투와 공포로 질려 있었다.

갈 등

단순한 사람의 혼란만큼 큰 혼란은 없다. 자동차를 몰고 가면서 톰은 뒤통수를 한 대 맞은 듯 얼떨떨했다.

톰은 한 시간 전까지만 해도 분명히 자기 아내의 애인이 자기 손아귀에서 빠져 나가려고 한다는 것을 느꼈다.

본능적으로 그는 데이지를 좇고, 윌슨을 멀리 하려는 듯 가속 페달을 밟았다.

우리는 아스토리아를 향해 시속 75킬로미터로 달려갔다. 드디어 교각 사이에 개츠비와 데이지가 타고 가는 파란색 쿠페가 나타났다.

"50번 도로 근처의 큰 영화관은 시원하지요."

조던 양이 말을 꺼냈다.

"난 모든 사람들이 숨어 버릴 수 있는 뉴욕의 오후가 좋아. 어쩐지 아주 관능적이야……. 완전히 무르익었다는 느낌이 들어. 곧 각양각색의 과일이 내 손에 떨어질 것 같아요."

조던 양의 '관능적'이라는 말에 톰은 더 불안해하는 것 같았다. 톰이 뭐라고 트집을 잡을 새도 없이 파란색 쿠페가 다가와 자기들 쪽으로 오라고 손짓했다.

"우리 지금 어디로 가는 거예요?"

데이지가 큰 소리로 물었다.

"영화 보러 가는 게 어때?"

"너무 더워요."

그녀가 불평했다.

"가고 싶으면 가요. 우린 드라이브나 하다가 나중에 갈 테니까."

데이지는 좀 명랑해진 듯했다.

"내 뒤를 따라 센트럴파크 남쪽으로 와. 플라자 호텔 앞까지."

가는 길에 톰은 몇 번씩이나 뒤를 돌아보았다. 톰은 두 사람이 다른 곳으로 영원히 사라져 버릴까 봐 걱정하고 있었다.

그러나 그들은 플라자 호텔 앞으로 왔다. 우리는 호텔의 특별 휴게실을 빌렸다.

그러는 동안 우리들은 끊임없이 대화를 했지만 무슨 얘기였는지는 잘 기억나지 않는다. 땀이 등을 줄줄 타고 흘러 뱀이 온몸을 기어다니는 듯한 기분이 들었다.

그 방은 크기는 했지만 답답했다. 창을 열자 센트럴파크에서 뜨거운 열기가 들어왔다.

"멋진 방이군요."

조던 양이 감탄한 듯 말했다.

"문제는 더위를 잊는 거야."

톰이 데이지에게 신경질적으로 말했다.

"불평을 하면 열 배나 더울 걸."

톰은 술이나 마시자는 듯 위스키 병을 테이블 위에 올려 놓았다.

"부인을 그냥 내버려 두세요, 친구."

개츠비가 말했다.

"당신 멋진 표현을 쓰는구만. 그렇지 않소?"

톰이 날카롭게 말했다.

"뭘 말입니까?"

"'친구'라고 말하는 당신 버릇 말이오. 도대체 어디서 그런 말을 배웠소?"

"이것 봐요, 톰."

데이지가 돌아보며 급하게 말했다.

"만약 당신이 그런 식으로 개츠비 씨를 공격한다면, 난 이 곳을 나갈 거예요. 전화해서 술잔에 넣을 얼음이나 주문하세요."

톰이 수화기를 들어올리는 순간, 아래층에서 멘델스존의 《결혼 행진곡》이 들려왔다.

"이 더운 날 결혼하는 사람도 다 있네!"

조던 양이 끔찍스럽다는 듯 말했다.

"생각해 보니 내 결혼식도 6월에 있었어요."

데이지가 옛날 생각이 나는지 그렇게 말했다.

"6월의 루빌에서! 누군가 기절한 사람이 있었는데, 그게 누구죠, 톰?"

"빌록시야."

톰이 무뚝뚝하게 대답했다.

"멤피스 출신의 빌록시라면 나도 알고 있는데."

내가 말했다.

결혼식이 시작된 듯 음악 소리는 중단되었다. 이번에는 박수 소리가 요란하게 들려왔다. 음악은 재즈로 바뀌었다.

"그런데 당신, 빌록시를 내 결혼식에서 처음 보았지요?"

조던 양이 미소를 지었다.

"그 사람 무전 여행을 하다가 고향으로 돌아가던 중이었을 거예요. 예일 대학 시절, 톰과 같은 과의 과대표를 했다고 하더군요."

톰과 나는 기가 막혀 얼굴을 마주 보았다.

"빌록시가 그랬다구?"

"우리 과에 과대표 같은 것은 없었어."

개츠비가 초조한 듯 발로 바닥을 두드리고 있었다. 톰이 갑자기 그에게로 시선을 던졌다.

"그런데 말이오, 개츠비 씨. 옥스퍼드 출신이라고 하던데."

"정확하게 말하자면 아닙니다."

"옥스퍼드에서 공부했다고 들었는데요?"

"네, 배우기는 했습니다만."

잠시 말이 끊겼다. 마침내 톰이 개츠비를 조롱하기 시작했다.

"아무래도 당신은 빌록시가 예일 대학에 다닐 때, 옥스퍼드에 다녔던 모양이군요."

또다시 말이 끊어졌다. 마침내 중요한 사실 하나가 밝혀지게 될 순간이었다.

"아까도 말했듯이, 난 분명히 옥스퍼드에 다녔습니다."

개츠비가 말했다.

"그건 들었소. 그럼 그 때가 몇 년도였소?"

"1919년이었습니다. 5개월 정도 다녔지요. 정확하게 말해 옥스퍼드 졸업생은 아닙니다."

톰은 그것 보라는 듯이 재빠르게 우리의 눈치를 살폈다.

"휴전 후, 나라에서는 몇몇 장교에게 학교에 다닐 기회를 주었지요."

개츠비는 말을 이었다.

"영국이나 프랑스의 어떤 대학에든 갈 수 있었습니다."

이 때 나는 일어나서 개츠비의 등을 두드려 주고 싶은 마음이 생겼다. 또다시 그에 대한 완전한 믿음이 되살아났다.

데이지는 희미한 미소를 지으며 톰에게로 다가가 말했다.

"톰, 위스키 뚜껑 좀 열어 주세요."

"잠깐 기다려!"

톰은 그녀를 제지했다.

"또 한 가지 개츠비 씨에게 묻고 싶은 것이 있소."

"하시지요."

개츠비는 정중하게 대답했다.

"도대체 당신은 왜 우리 집 안에 들어와 소동을 일으키려고 합니까?"

마침내 드러내 놓고 서로 맞붙게 되었다.

"소동을 일으키는 것은 그가 아니에요."

데이지가 어찌할 바를 모르고 두 사람을 번갈아 바라보며 말했다.

"소동을 일으키는 것은 당신이에요. 부탁이니까 조금만 참아요."

"참으라구?"

톰은 믿을 수 없다는 듯 그 말만 되풀이했다.

"도대체 어디서 온지도 모르는 놈이 자기 아내를 꼬시는데 그걸 가만히 두고 보라구? 그게 요즘 유행인가. 요즘 사람들은 가정과 가족을 아주 우습게 생각하는데, 그 다음은 뭐지? 백인과 흑인이 결혼식이라도 올리게 되는 건가?"

톰은 흥분해서 떠들었다.

"여기 있는 사람은 모두 백인이잖아."

조던 양이 작게 속삭였다.

"내가 인기가 없다는 건 알고 있어. 하지만 당신은 매일 파티를 열면서 당신 집을 돼지우리로 만들고 있지."

다른 사람들과 마찬가지로 나도 화가 났지만, 톰이 말을 할 때마다 웃음이 나왔다.

제멋대로 인생을 살던 사람이 갑자기 고상하고 품위 있는 사람이 되려는 것이 우스웠기 때문이다.

"친구, 당신에게 말하고 싶은 것이 있습니다만……."

개츠비가 말을 꺼냈다. 데이지는 그가 무슨 말을 하려는지 아는 것 같았다.

"부탁이에요, 그만두세요!"

데이지가 그의 말을 가로막았다.

"이제 모두 집으로 돌아가는 게 어때요?"

"그게 좋겠어."

나는 자리에서 일어났다.

"가세, 톰. 아무도 술 마시고 싶은 생각이 없나 봐."

"난 개츠비 씨가 내게 하고 싶은 말을 듣고 싶어."

"당신 부인은 당신을 사랑하지 않습니다."

개츠비가 말했다.

"지금껏 사랑한 적이 없어요. 부인은 나를 사랑하고 있습니다."

"당신 미쳤군!"

톰이 반사적으로 소리를 질렀다.

개츠비도 흥분해서 벌떡 일어났다.

"부인은 한 번도 당신을 사랑하지 않았습니다. 아시겠어요?"

그는 큰 소리로 말했다.

"당신과 결혼한 건 내가 가난뱅이였기 때문입니다. 나를 기다리다 지친 거지요. 그건 큰 실수였지만, 부인은 나 이외에 어떤 사람도 사랑한 적이 없습니다."

그 때 나와 조던 양은 돌아가려고 했다. 그러나 톰과 개츠비가 가지 말라고 말렸다.

"데이지, 앉아 있어!"

톰은 애써 부드러운 어투로 말하려 했지만, 잘 되지 않는 모양이었다.

"도대체 무슨 일이 있었어? 숨기지 말고 말해 줘."

"무슨 일이 있었는지 벌써 말했잖아요."

개츠비가 말했다.

"5년간 계속되어 온 일이오. 당신은 몰랐지만."

톰이 데이지를 날카롭게 쏘아보았다.

"당신, 이 작자하고 5년 전부터 만나고 있었던 거야?"

"만나고 있었던 건 아니오."

개츠비가 말했다.

"우리는 만날 수 없었소. 그러나 친구, 그 동안 내내 우리는 서로 사랑하고 있었소. 당신은 몰랐지만. 당신이 이 사실을 모른다는 걸 생각하고는 종종 웃었지요."

그러나 개츠비는 웃지 않았다.

"그래, 그것뿐인가?"

톰이 의자 등받이에 기대앉았다.

"당신은 미쳤어!"

그의 감정이 갑자기 폭발했다.

"5년 전에 일어났던 일을 내가 말할 필요는 없어. 난 그 때 데이지를 알지도 못했으니까. 그런데 어떻게 당신 같은 사람이 데이지에게 접근할 수 있었지? 그 집에 식료품 배달이라도 가서 만났나? 만났을 수도 있지. 하지만 다른 말은 모두 새빨간 거짓말이야. 데이지는 나를 사랑해서 결혼한 거야. 그리고 지금도 나를 사랑하고 있어."

"아니오."

개츠비가 고개를 저으며 말했다.

"아니, 내 말이 맞아. 때때로 그녀는 바보 같은 생각을 하고서는 자기가 무슨 생각을 하는지도 모르고 있다고."

마치 철학자가 말하듯 톰이 말했다.

"그리고 말이야, 나도 데이지를 사랑하고 있어."

"뻔뻔스럽군요."

데이지가 어이없다는 듯이 말했다.

"톰, 우리가 왜 시카고에서 이리로 이사왔죠? 당신의 행실이 시카고 신문에 났기 때문이에요."

개츠비는 데이지 옆으로 걸어갔다.

"데이지, 그런 일은 이제 모두 끝났소."

개츠비는 진지하게 말했다.

"진실만을 저 남자에게 들려 주시오. 저 사람을 사랑한 적이 한 번도 없었다고."

그녀는 멍청히 개츠비를 바라보았다.

그녀는 주저했다. 호소하듯 나와 조던 양을 바라보았다. 이제서야 자기가 지금 어떤 행동을 하고 있는지 깨달았다는 듯이. 처음부터 그럴 마음은 없었다는 듯이. 그러나 이제는 너무 늦어 버렸다.

"난 저 사람을 사랑한 적이 없어요."

주저하면서 그녀가 말했다.

"카피올라니에서도?"

갑자기 톰이 물었다.

"그래요."

아래층에서 음악 소리가 크게 들려왔다.

"펀치볼에서 구두가 젖지 않도록 당신을 안고 내려갔던 그 날도?"

그렇게 말하는 톰의 목소리는 강했지만 부드러웠다.

"……. 어때, 데이지?"

"그만둬요!"

그녀의 목소리는 차가웠다. 하지만 이미 분노가 사라진 목소리로 개츠비를 바라보았다.

"제이, 이걸로 됐어요?"

그녀는 그렇게 말했다. 그러나 담배에 불을 붙이는 그녀의 손은 떨리고 있었다.

"당신은 저에게 너무 많은 걸 요구하는군요. 난 지금 당신을 사랑하고 있어요. 그걸로 충분하지 않나요?"

데이지가 흐느껴 울기 시작했다.

"예전에는 저 사람을 사랑했어요. 하지만 당신도 사랑했어요."

개츠비는 눈을 감았다.

"나도 사랑했다는 거요?"

개츠비가 되물었다.

"그것도 거짓말이야."

톰이 나무라듯 말했다.

"그녀는 당신이 살아 있다는 것도 몰랐으니까."

개츠비의 얼굴이 고통스럽게 일그러졌다.

"데이지와 단둘이서 얘기하고 싶소."

"둘이서만 얘기해도 난 톰을 사랑한 적이 없다고 말할 수는 없어요."

데이지는 가련한 목소리로 말했다.

"그렇게 말하면 거짓말이 되어 버려요."

"거짓말이고말고."

톰이 말했다.

"당신은 사정을 잘 모르고 있군요."

개츠비가 당황하는 기색을 보이며 말했다.

"당신은 이 사람을 보살필 일이 없을 거요."

"보살필 일이 없다고?"

톰이 눈을 크게 뜨고 웃었다. 그는 이제 감정을 조절할 수 있게 된 것 같았다.

"그것은 왜 또 그렇지요?"

"데이지는 당신과 헤어질 테니까."

"바보 같은 소리!"

"하지만 그건 정말이에요."

데이지가 몹시 괴로워하며 말했다.

"데이지는 나와 헤어지지 않아!"

톰의 말이 개츠비의 가슴을 찔렀다.

"그녀의 손가락에 끼워 줄 반지조차도 남의 것을 훔쳐야 하는 그런 사기꾼 때문에 헤어진다는 것은 말도 안 돼."

"너무 심해요. 참을 수 없어요."

데이지가 개츠비에게 말했다.

"부탁이니 제발 여기서 나가요."

"도대체 넌 뭐 하는 놈이야?"

톰이 고함쳤다.

"마이어 울프샤임과 돌아다니는 패거리 아냐? 우연히 나도 알게 됐어. 네 주변을 좀 조사해 봤지. 내일은 자세히 조사해 볼 작정이야."

"마음대로 하시오."

개츠비는 태연하게 말했다.

"난 당신의 '약국'이라는 게 어떤 건지 알아 냈지."

톰은 그렇게 말하고 우리 쪽을 향하여 재빨리 지껄였다.

"이자와 울프샤임이라는 자는 이 곳과 시카고 뒷골목에 있는 약국에다 에틸 알코올을 팔고 있어. 그것이 이자의 사업이라는 거야."

"그것이 어쨌다는 겁니까?"

개츠비가 정중하게 물었다.

"당신 친구 월터 체이스는 거기에 끼는 것을 그리 부끄럽게 생각하지 않는 것 같던데, 친구."

"나를 '친구'라고 부르지 마!"

톰이 날카롭게 외쳤다.

"하지만 그 약국 같은 것은 잔돈벌이에 지나지 않았어."

톰은 차분히 말을 이었다.

"당신은 지금 그보다 더 무서운 일을 하는 것 같던데."

나는 개츠비의 얼굴을 보고 깜짝 놀랐다. 그의 표정은 마치 '살인을 한 적'이 있는 그런 사람의 얼굴이었다.

그 표정이 사라지자 개츠비는 그 모든 것을 부정하며, 끝나 버린 꿈을 다시 꾸려는 듯 저쪽 방으로 간 데이지에게 아니라고만 소리쳤다. 하지만 그쪽 방에서는, 집에 데려다 달라는 소리밖에 들려오지 않았다.

"데이지, 당신들 두 사람은 집으로 출발해요. 개츠비 씨의 차로 말이야. 어서!"

톰이 말했다.

데이지가 경계하는 눈빛으로 톰을 바라보았지만, 그는 아량이 넓은 듯 말했다.

"빨리 가. 분수를 모르는 사랑이 끝났다는 걸 이젠 알았을 테니."

데이지와 개츠비는 한 마디도 하지 않고 일어섰다.

나는 그 날 서른 살이 되었다. 앞으로 다가올 10년이 어쩐지 두려운 생각이 들었다.

우리는 톰과 함께 쿠페에 올라탔다. 아까와는 차를 바꿔 탄 것이었다.

서른 살, 혼자 사는 친구들은 하나씩 줄어들고, 정열도 약해지고, 머리카락도 줄어들 것이다. 내 옆에 앉아 있는 조던 양은, 데이지와 달리 너무나 총명해 이루어질 수 없는 꿈은 꾸지 않을 것처럼 보였다.

어두운 다리 위를 달릴 때 그녀가 내 어깨에 살짝 기대 왔다. 그 덕분에 내 서른 살의 충격은 사라졌다.

머틀 윌슨의 죽음

이렇게 우리는 서늘해지는 저녁 시간, 죽음을 향해 질주하고 있었다.

식당을 경영하는 젊은 그리스 인 미카엘리스는 시체를 검사할 때의 중요한 증인이었다.

미카엘리스가 윌슨의 정비소까지 갔을 때, 윌슨은 온몸을 부들부들 떨고 있었는데 얼굴에는 핏기가 없었다.

들어가 쉬라고 했지만 윌슨은 말을 듣지 않았다. 그 때 2층에서 굉장한 소리가 들려왔다.

"내가 마누라를 2층에 가둬 놓았네. 모레까지 가둬 둘 거야. 그 날 우리는 떠날 거야."

미카엘리스는 놀랐다. 그들은 4년 동안 이웃으로 살았지만 윌슨은 결코 그런 사람이 아니었다. 그는 자기의 생각 같은 건 별로 없는 사람으로, 아내가 시키는 대로 하는 사람이었다.

미카엘리스는 무슨 일이 있었는지 알아보려 했지만, 윌슨은 한마디도 입을 열지 않았다. 대신 그는 미카엘리스에게, 어느 날 몇 시에 어디에 있었느냐고 물었다.

7시가 지나 다시 윌슨의 가게로 온 그는 윌슨과 머틀이 싸우는 소리를 들었다.

"때릴 테면 때려 봐!"

그녀가 외쳤다.

"날 때려 봐. 이 비열한 겁쟁이야."

잠시 후, 그녀는 소리를 지르며 문 밖으로 뛰쳐나갔다. 그리고 미카엘리스가 가게 문을 나서기도 전에 그 사고는 일어났다.

신문에서 그렇게 떠들어 대던 '죽음의 자동차', 머틀을 친 자동차는 도망쳐 버렸다.

한 순간 비틀거리더니 모퉁이로 모습을 감추어 버린 것이다.

우리가 사고 현장에서 약간 떨어진 곳까지 왔을 때, 서너 대의 자동차와 사람들이 서 있는 것이 눈에 들어왔다.

"사고다."

톰이 말했다.

"잘 됐군. 윌슨도 좀 할 일이 생기겠군."

서서히 차를 몰던 톰이 갑자기 브레이크를 밟았다.

"가 보세."

그는 뭔가가 궁금한 듯 말했다.

"잠깐 보고 오자구."

나는 그 때 윌슨의 가게에서 들려오는 울음소리를 들었다.

"뭔가 심각한 사고 같은데."

톰이 흥분해서 말했다.

그는 발돋움을 해서 가게 안을 들여다보았다. 그러던 그가 사람들을 밀치고 안으로 들어갔다.

모여 있던 사람들이 투덜거렸다. 그러다가 나와 조던도 사람들에게 떠밀려 안으로 들어가게 되었다.

머틀 윌슨의 시체는 담요에 덮인 채 작업대 위에 놓여 있었다.

톰은 우리 쪽으로 등을 돌린 채 꼼짝 않고 시체를 내려다보고 있었다. 그 옆에서는 경찰 한 명이 땀을 흘리며 수첩에 사람들 이름을 적고 있었다.

작업장보다 한 단 높은 사무실의 문지방 위에 서서 양손으로 문기둥을 붙들고는 앞뒤로 몸을 흔드는 윌슨이 눈에 띄었다.

그는 끊임없이 날카로운 목소리로 외치고 있었다.

"오오, 하느님! 오오, 하느님! 오오! 하느님."

톰은 갑자기 고개를 들더니 가게 안을 돌아본 후, 중얼거리듯 잘 들리지 않는 말로 경관에게 속삭였다.

"내 말 좀 들어 봐요."

경관은 누군가의 이름을 받아 적다가 갑자기 얼굴을 들었다. 톰이 넓적한 손으로 그의 어깨를 쳤기 때문이다.

"무슨 일이오?"

"어떻게 된 거요?"

"자동차에 치었소. 그 자리에서 죽었습니다."

"그 자리에서."

톰은 멍하니 그 말을 되풀이했다.

"그녀가 차로 뛰어들었어요. 그 자식은 차를 세우지도 않았어."

"차는 두 대였습니다."

미카엘리스가 말했다.

"부인은 뉴욕 쪽에서 시속 50, 60킬로미터로 오던 차와 그대로 부딪쳤습니다."

"노란색 차입니까?"

"어떤 차인지 말해 줄 필요 없어. 난 누구 차인지 알고 있으니까."

윌슨이 말했다. 나는 톰의 뒤에 서 있었는데, 그의 어깨 근육이 굳어지는 듯했다.

톰은 윌슨 곁으로 다가가 그의 팔을 붙잡고는, 정신 차리라고 말했다.

"이것 봐, 윌슨. 난 방금 뉴욕에서 오는 길이야. 아까 내가 운전했던 그 노란 차는 내 차가 아니야."

경관이 수상하다는 듯 톰에게 접근했다.

"당신 차는 무슨 색이오?"

"파란색 쿠페입니다. 우리는 지금 막 뉴욕에서 오는 길입니다."

내가 말했다.

"누군가 이 사람 옆에 붙어 있어 주세요."

톰은 위엄 있게 명령조로 말했다. 제일 가까이 서 있던 두 남자가 마지못해 떨고 있는 윌슨을 사무실 안으로 데리고 들어갔다.

톰은 사무실 문을 닫고 시체가 누워 있는 작업대를 피해 사무실 계단을 내려왔다. 내 옆으로 온 그가 작은 목소리로 속삭였다.

"나가세."

혹시나 하는 희망으로 30분 전에 부른 의사가 이제야 도착했다.

톰은 사고가 났던 모퉁이를 지날 때까지 차를 천천히 몰았다. 그곳을 지나자 그는 속력을 높였다.

이윽고 나는 낮게 흐느껴 우는 소리를 들었는데, 톰이 울고 있었다.

"겁쟁이 같으니!"

그는 울면서 말했다.

"그 자식은 차를 세우지도 않고 뺑소니를 쳤어."

개츠비의 사랑

부캐넌의 집이 나무들 사이에서 갑자기 나타났다. 톰은 현관 옆에 차를 대고 2층을 올려다보았다. 불이 켜져 있는 방이 2개였다.

"데이지는 돌아와 있는 모양이군."

그는 말했다. 차에서 내린 그가 나를 보며 잠시 얼굴을 찡그렸다.

"닉, 자네를 웨스트에그에 내려 주었어야 했는데. 오늘 밤은 우리가 할 수 있는 일이 아무것도 없는 것 같으니 말이야."

아까와는 달리 차분한 말투였다. 현관까지 걸어가면서 그는 이 사건을 몇 마디 말로 처리했다.

"나는 전화를 걸어서 자네를 태워 줄 택시를 부를 테니까, 차가 올 때까지 조던 양과 함께 저녁을 먹게. 먹고 싶으면 말일세."

그는 자기 집 현관문을 열었다.

"들어오게."

"아니, 괜찮네. 택시가 올 때까지 밖에서 기다리겠네."

조던 양이 내 팔을 잡았다.

"들어가지 않겠어요, 닉?"

"아니, 괜찮소."

나는 기분이 좋지 않아서 혼자 있고 싶었다.

"9시 반밖에 되지 않았어요."

조던 양이 말했다.

나는 그들 모두와 함께 지겨울 정도로 시간을 보냈다. 조던 양은 갑자기 발길을 돌려 집 안으로 들어가 버렸다.

집 안에서는 전화로 택시를 부르는 소리가 들렸다. 나는 천천히 정원을 따라 바깥쪽을 걸었다.

약 20미터도 가기 전에 나는 내 이름을 부르는 소리를 들었다. 관목 숲에서 개츠비가 뛰어나왔다.

나는 그 때 좀 이상한 기분에 빠져 있었다. 그가 입은 분홍색 옷이 달빛을 받아 몹시 빛나고 있다는 것 외에는 다른 것이 생각나지 않았다.

"여기서 뭐 하는 겁니까?"

내가 물었다.

"그냥 서 있을 뿐입니다, 친구."

나는 그가 비열하다고 생각했다. 톰의 집에 도둑질을 하러 들어가려는 것처럼 보였다. 그의 뒤에 울프샤임 일당이 숨어 있는 것 같았다.

"오는 도중에 사고 난 것 못 봤습니까?"

그가 물었다.

"봤습니다."

그는 머뭇거리다가 입을 열었다.

"그 여자 죽었습니까?"

"죽었습니다."

"그럴 거라고 생각했습니다. 데이지에게도 그렇게 말했지요. 알 건 알아야 하니까요. 데이지는 아주 잘 견뎌냈습니다."

그의 말은 데이지의 기분만이 중요하다는 것처럼 들렸다.

"샛길로 해서 웨스트에그까지 갔었습니다."

그는 말을 이었다.

"차는 우리 집 차고에 두고 왔습니다. 아무도 보지 못할 거라고 생각하지만, 봤을 수도 있지요."

나는 그 때 그가 견딜 수 없이 싫어졌다. 누군가가 봤을지도 모른다고 말해 주기도 싫었다.

"그 여자는 누굽니까?"

그가 물었다.

"이름은 머틀 윌슨. 남편이 그 곳 정비소 주인입니다. 도대체 어쩌다 그렇게 된 겁니까?"

"글쎄요. 핸들을 돌리려고 했는데……."

그렇게 말하다가 갑자기 그는 말을 끊었다. 그 순간 나는 사고의 진상을 알게 되었다.

"데이지가 운전했습니까?"

"네."

잠시 주저하더니 그가 그렇게 대답했다.

"하지만 나는 내가 운전했다고 말할 겁니다. 실은 뉴욕을 빠져 나올 때 데이지는 아주 흥분해 있었지요. 그래서 운전이라도 하면 기분이 좀 나아질 것이라고 생각했습니다. 그런데 반대 차선에서 오는 차와 스쳐 지나가는 순간, 그 여자가 우리를 향해 달려나왔습니다. 모두 순간적으로 일어난 일입니다. 내가 보기엔 그 여자, 우리를 아는 사람으로 착각한 것 같았습니다. 뭔가 하고 싶은 말이 있어 뛰어나온 것처럼 보였습니다. 처음에 데이지는 그 여자를 피하여 마주 오던 차 쪽으로 핸들을 틀었지만, 금방 원래대로 돌렸습니다. 내 손이 핸들에 닿는 바로 그 순간 부딪치는 충격을 느꼈습니다. 분명히 죽었을 겁니다."

"그 여자는 몸이 찢어져서……."

"그만해요, 친구."

개츠비가 움찔하며 말했다.

"그런데 데이지가 속력 페달에서 발을 떼지 않았습니다. 멈추게 하려

했지만 멈출 수가 없었습니다. 그래서 나는 비상 브레이크를 밟았습니다. 그러자 그녀는 맥없이 내 무릎에 쓰러져 버렸고, 그제서야 내가 운전을 할 수 있었습니다."

나는 어안이벙벙했다.

"데이지는 내일이면 괜찮아질 겁니다."

그는 잠시 후 말을 이었다.

"난 여기서 오늘 오후의 그 불행한 사건을 가지고 저 남자가 데이지를 괴롭히지나 않나 감시할 생각입니다. 데이지가 자기 방에 들어가 방문을 잠그긴 했지만, 만약 톰이 때리려고 하면 전등을 껐다 켰다 하기로 했습니다."

"톰은 그녀를 건드리지 않을 겁니다."

내가 말했다.

"지금은 그녀의 일 같은 데에는 관심도 없으니까요."

"그 사람은 믿을 수가 없습니다, 친구."

"언제까지 지킬 겁니까?"

"필요하다면 밤새도록이라도요. 어쨌든 모두가 잠들 때까지는 기다릴 겁니다."

나는 문득 다른 생각이 들었다. 만약 운전한 사람이 데이지라는 것을 톰이 안다면 어떻게 될까? 데이지의 얼굴을 보고는 무슨 낌새를 채지 않을까. 하여튼 그는 뭔가를 생각해 낼 것이다. 나는 데이지의 집 쪽을 바라보았다.

아래층에는 두세 개의 창문에만 불이 켜져 있고, 2층 데이지 방에서는 분홍빛 불빛이 흘러나왔다.

"여기서 기다리시오."

내가 말했다.

"소란스러운 기미가 보이는지 내가 보고 올 테니까요."

나는 잔디밭 가장자리를 따라 자갈길을 가로질러 살짝 베란다 계단을 올라갔다. 응접실 커튼은 열려 있었고, 거기에는 아무도 없었다.

3개월 전 6월의 어느 날 밤, 우리가 같이 식사를 했던 그 베란다를 빠져 나가자 식품 창고 같은 방에서 불빛이 흘러나왔다.

블라인드가 내려져 있었지만 창문 턱에 조그만 틈이 나 있었다.

거기에는 데이지와 톰이 식탁에 마주 앉아 있었고, 두 사람 사이에는 식은 닭튀김 한 접시와 맥주 두 병이 놓여 있었다.

톰은 데이지에게 테이블 너머로 끊임없이 무슨 얘기인가를 하고 있었고, 데이지의 손등에 자기 손을 올려놓고 있었다.

그녀가 가끔씩 얼굴을 들어 고개를 끄덕였다.

두 사람이 행복하게 보이지는 않았다. 두 사람 다 닭튀김이나 맥주에는 손도 대지 않았다.

그렇다고 그다지 불행해 보이지도 않았다. 두 사람 사이에는 자연스런 친밀감이 감돌고 있었다.

누가 보더라도, 두 사람이 무엇인가 계획을 세우고 있는 것이라고 생각했을 것이다.

내가 살금살금 베란다를 떠났을 때, 내가 타고 갈 택시가 어둠 속에서 천천히 달려오는 소리가 들렸다.

개츠비는 아까 만났던 정원에서 나를 기다리고 있었다.

"모두 잠잠하던가요?"

걱정스러운 듯 그가 물었다.

"네, 아무 이상 없습니다."

나는 잠시 주저했다.

"집에 가서 잠시 눈을 붙이는 게 좋지 않을까요?"

그는 고개를 가로저었다.

"아니에요, 나는 데이지가 잘 때까지 여기서 기다리고 싶습니다. 그럼 잘 가시오, 친구."

그는 코트 주머니에 손을 넣고 마치 내가 있으면, 데이지를 지키는 일이 잘못 되기라도 하는 것처럼 재빠르게 톰의 집을 살펴보기 위해 뒤돌아섰다.

나는 달빛 아래 서 있는 그를 남겨 둔 채 그 곳을 떠났다.

그는 아무 일도 일어나지 않는 집을 계속 바라보고 있었다.

슬픈 사랑

나는 그날 밤, 잠을 이룰 수가 없었다.

해협에서 슬픈 고동 소리가 계속해서 들려왔고, 괴상한 현실과 잔인하고 무서운 꿈 사이를 가슴 답답하게 왔다갔다 하고 있었다.

새벽이 가까워졌을 때 개츠비의 저택으로 택시가 들어가는 소리가 들렸다. 나는 곧바로 침대에서 일어나 옷을 갈아입었다.

뭔가 그에게 알려 줄 말이, 경고해 줄 말이 있다는 기분이 들었고, 아침이면 이미 늦을 것 같았기 때문이다.

그의 저택 잔디밭을 가로질러 현관까지 갔다.

그는 마음이 우울한지 기운이 다 빠져 테이블에 기대어 있었다.

"아무 일도 없었습니다."

그가 힘없이 말했다.

"내가 지켜보고 있으니까 4시쯤 그녀가 창가로 와서 1분 정도 서 있더니 결국 불을 끄더군요."

나는 그 날만큼 그의 집이 크다는 사실을 실감한 적은 없었다. 왜냐하면 우리는 담배를 찾느라고 이곳 저곳을 돌아다녔기 때문이다.

우리는 큰 천막 같은 커튼을 한쪽 편으로 밀어젖히고, 어둠 속에서 전등 스위치를 찾기 위해 온 벽을 다 더듬었다.

한번은 내가 뭔가에 걸려 비틀거리면서 희고 검은 피아노 건반 위에 넘어진 적도 있었다.

담배를 찾으러 다니는 곳마다 먼지가 쌓여 있었고, 방마다 며칠씩이나 통풍을 시키지 않은 것처럼 곰팡이 냄새가 났다.

겨우 낯선 테이블 위에서 담뱃갑을 찾았는데, 그 안에는 곰팡내 나는 마른 담배가 두 개비 들어 있었다.

우리는 응접실의 프랑스식 창을 활짝 열어 놓고 어둠 속에서 담배 연기를 내뿜었다.

나는 개츠비에게 말했다.

"이 곳을 떠나야 합니다. 그 차가 당신 차라는 것이 밝혀졌어요."

"지금 떠나라구요, 친구?"

"일주일쯤 애틀랜틱 시티나, 아니면 몬트리올에 가 있도록 하세요."

그는 생각해 보겠다고 말하지 않았다. 데이지가 어떻게 할 생각인지, 그것을 알기 전까지는 떠나는 것은 상상도 할 수 없는 일인 것 같았다.

그는 마지막 희망을 거기에 거는 것 같았기 때문에 다른 말은 하지 않았다. 아니, 할 수가 없었다.

그가 댄 코디와 함께 보냈던 젊은 시절을 내게 들려 준 것은 그날 밤이었다.

'제이 개츠비'는 자기의 희망이 톰에게 부딪쳐 유리처럼 산산이 부서져 버렸다고 생각하는 것 같았다.

자신의 오랜 연극도 그것으로 끝이라고 생각했는지도 모른다.

그런 마음 상태라면 무슨 말이든 진실하게 했을 것이다. 그러나 그가 말한 것은 댄 코디에 관한 일이 아니라 데이지에 관한 일이었다.

그녀는, 그가 만난 최초의 '아름다운' 여자였다.

그 때까지 그는 밝힐 수 없지만 이러저런 능력으로 아름다운 여자들을 만났었다. 그러나 그는 그런 여자들에게서는 항상 거리감을 느끼고 있었다.

그러나 데이지에게는 가슴 두근거릴 정도로 호감이 갔다.

그가 처음 그녀 집에 갈 때는 다른 장교들과 같이 갔었지만, 나중에는 혼자 가게 되었다.

그는 데이지의 집을 보고 너무나도 놀랐다. 그는 그 때까지 그렇게 아름다운 집에는 들어가 본 적이 없었다. 그 집이 아름답긴 하지만, 그에게 숨막힐 정도로 감동을 준 것은, 그 집에 데이지가 살고 있다는 것이었다.

그녀가 그 집에 사는 것은 어쩌면 우연한 일이었다. 그 집은 신비로웠다. 2층에는 아름답고 시원한 침실이 있었고, 복도에서는 즐거운 일이 생길 것만 같았다. 그 집은 화려하게 빛나는 신형 자동차나 파티장같이 향기가 가득하고 낭만이 감추어져 있을 것만 같았다.

지금까지 데이지에게 마음을 빼앗긴 남자가 많았다는 사실 또한 개츠비의 마음을 자극했다. 그래서 그녀의 가치가 더 높아 보였다. 그는 데이지의 집 안 여기저기에서 그 집을 방문한 남자들의 냄새를 느낄 수 있었다.

그러나 그는 자신이 데이지의 집에 발을 들여놓은 것이 우연이라는 것을 너무나도 잘 알고 있었다.

그 때 그는 내세울 것 하나도 없는, 돈 한 푼 없는 청년이었고, 그러한 자신의 초라한 모습을 감추어 주는 군복을 입고는 있지만, 언젠가는 벗어야 할 것을 알고 있었다.

그래서 그는 군복을 입고 있었던 바로 그 때를 최대한 이용했고, 손에 들어오는 것은 가리지 않고 자기 것으로 만들었다.

결국은 데이지도 10월 초 어느 날 자기 것으로 만들었다. 현실적으로 그녀에게 손을 뻗칠 아무런 능력도 없었기 때문에, 그는 더욱 그녀를 탐냈던 것이다.

그는 자기 자신을 경멸할 수도 있었을 것이다. 분명히 거짓말로 그녀를 꼬여 차지했을 테니까.

그래도 그는 엄청나게 큰 거짓말을 하지는 않았다. 그녀의 마음을 편하게 해 주기 위해 그녀와 같은 사회 계층 출신이라는 거짓말을 했고, 앞으로 그녀를 충분히 잘 돌볼 수 있다고 말했던 것이다.

사실 그에게 그런 능력이 있을 리 없었다. 돈 많은 아버지가 있는 것도 아니고, 나라에서 다른 곳으로 가라면 갈 수밖에 없는 군인일 뿐이

었다. 하지만 그는 자신을 경멸하지 않았다.

앞날도 그의 생각대로 되지 않았다.

그는 자기가 얻은 것을 가지고 도망갈 생각을 했다. 하지만 데이지는 그 앞에 나타나지 않았다.

그녀는 자신의 화려한 집으로, 풍요로운 생활 속으로 모습을 감추어 버렸다. 개츠비에게 남은 것은 아무것도 없었다. 남은 것이라고는 결혼한 것 같은 기분, 단지 그 기분뿐이었다.

그녀를 차지하고 난 이틀 뒤였다. 두 사람이 다시 만났을 때 마음이 급했던 사람은 개츠비 쪽이었다. 어쩐지 배신당한 기분이었다.

그녀의 집 베란다에는 비싼 물건이 쌓여 있었다. 그는 그녀의 입술에 키스했다. 그녀는 감기에 걸려 있어, 목소리가 더욱 매력적이었다.

개츠비는 그 때, 돈이 젊음과 신비를 지켜 준다는 것을 알게 되었고,

가난뱅이의 슬픔과는 관계없이 데이지는 혼자 멀리 떨어져 빛난다는 것도 알게 되었다.

"나는 내 자신이 그녀를 사랑한다는 것을 깨닫고는 얼마나 놀랐는지, 도저히 말로 설명할 수는 없습니다. 한동안은 그녀가 나를 버려 주었으면 좋겠다고까지 생각했지요. 하지만 그녀는 나를 버리지 않았습니다. 그녀도 나를 사랑하고 있었으니까요. 그녀는 내가 그녀와는 다른 세계의 일을 알고 있다는 것에 흥분했어요. 어쨌든 그렇게 해서 그녀를 매순간 더 깊이 사랑하게 되었지요. 이젠 어떻게 되든지 상관없다는 기분이 되어 버렸지요. 내 자신이 앞으로 이룰 일들을 그녀에게 들려 주는 것만으로도 즐거운 시간을 보낼 수 있는데, 그걸 버리고 뭘 이루어 보겠다고 한들 무슨 소용이 있는지 생각하게 되었지요."

그가 고국을 떠나기 전날, 그는 데이지를 안고 오랫동안 말없이 앉아 있었다. 추운 늦가을이었다.

실내에는 난로가 타고 있었고, 그녀의 뺨은 달아올라 있었다. 그녀가 몸을 움직이면 그도 팔의 위치를 바꾸어 그녀를 편안하게 해 주었다.

그녀의 윤기나는 검은머리에 키스도 했다. 그날 오후는 다음 날로 예정된 이별을 위해 추억을 만드는 시간이었다.

두 사람은 조용히 아주 조용히 앉아 있었다. 그녀는 옷 위로 그의 어깨에 가만히 키스했고, 그는 그녀의 손가락 끝을 부드럽게 만졌다.

그들이 사랑을 나눈 한 달 중 그 날만큼 서로 가까웠던 적은 없었고, 그 날만큼 서로 깊게 마음이 통했던 적도 없었다.

변 심

전쟁에서 그는 빛나는 공훈을 세웠다. 전쟁에 나가기 전에는 대위였지만, 아르곤 전투 이후 소령으로 올라갔다.

그는 기관총 대대를 지휘했다. 전쟁이 끝난 후 그는 돌아오려고 애를 썼지만, 사무 처리에 문제가 있어, 옥스퍼드로 보내졌다.

그는 걱정했다. 데이지의 편지 속에 초조한 듯한 절망감이 나타나기 시작했기 때문이다.

그녀는 어째서 그가 돌아오지 못하는지 이해가 가지 않는다고 편지에 썼다. 또한 그녀는 집안에서 결혼하라는 독촉을 받고 있었다.

그녀는 다시 그의 얼굴을 보고 그의 존재를 느끼고 싶으며, 자기의 선택이 옳았다는 안도감을 얻고 싶다고 했다.

데이지는 젊었다. 그녀가 살고 있는 세계는 온갖 꽃들의 향기로 넘쳐났고, 쾌활하고 세련된 남자들, 그리고 오케스트라의 음악 소리가 항상 그녀 곁에 있었다.

밤새도록 색소폰이 《빌 스트리트 블루》를 연주하는 동안, 100켤레나 되는 금색과 은색의 파티 구두들이 반짝반짝 빛나는 먼지를 일으키고 있었다.

그리고 침침한 다과 시간에는 언제나 사랑이 넘치는 방이 있었고, 새로운 얼굴들이 매일매일 나타났다.

이러한 세계 속에서 데이지는 또다시 파티에 나가기 시작했다. 그녀는 하루에 여섯 명의 남자와 여섯 번의 데이트를 했고, 새벽녘이 되어서야 집에 들어와 아무렇게나 옷을 벗어던져 둔 채 잠이 들었다.

그러는 동안에도 그녀는 무엇인가 결론을 내리기 위해 애쓰고 있었다. 그녀는 당장이라도 자기 생활을 안정시키고 싶었다.

사랑의 힘이든, 돈의 힘이든 어떤 것이라도 좋다고 생각했다.

그 때 톰 부캐넌이 나타난 것이다. 그는 겉모습이나 지위도 당당했고, 체격도 좋아서 데이지의 허영심을 만족시켜 주기에 안성맞춤이었다.

물론 그녀가 개츠비 때문에 고민하지 않은 것은 아니었다. 개츠비는 아직 옥스퍼드에 있을 때 그 소식을 들었다.

잃어버린 꿈

이제는 롱아일랜드에도 새벽이 찾아왔다. 우리는 아래층의 나머지 창문도 열었다.

잿빛에서 황금빛으로 변하는 햇빛이 집 안으로 들어왔다.

"그녀가 그 사람을 사랑한 적이 있다고는 생각되지 않습니다."

개츠비는 창가에서 돌아서더니 내게 말했다.

"당신도 기억하지요, 친구. 어제 오후 그녀는 매우 흥분해 있었어요. 그 남자는 그녀를 두렵게 하려고, 나를 사기꾼이다 뭐다 말한 겁니다. 그래서 그녀를 혼란스럽게 만들었지요."

그는 우울한 얼굴로 말했다.

"물론 그녀도 잠시 동안은 그 사람을 사랑했는지 모릅니다. 결혼했던 당시에는. 그렇지만 그 때 당시도 그녀는 나를 사랑하고 있었습니다. 분명히 알 수 있어요."

그는 그렇게 말하고는 문득 묘한 말을 했다.

"어쨌든 잠시라도 톰을 사랑했던 일은 그녀 개인의 문제입니다."

그가 데이지를 만나기 위해 프랑스에서 돌아왔을 때, 톰과 데이지는 아직 신혼 여행 중이었다.

그는 군대에서 받은 봉급을 다 털어 데이지의 집이 있는 루빌을 방문했다. 데이지는 이미 거기에 없었지만, 루빌은 여전히 아름다운 도시로 남아 있었다.

그는 그녀를 거기에 남겨 두는 기분으로 그 곳을 떠났다. 그는 무일

푼이 되어 보통 열차를 탔다. 그는 루빌을 떠나면서, 가장 아름답고 좋았던 데이지와의 과거를 영원히 잃었다는 것을 깨달았다.

우리가 아침 식사를 끝내고 베란다로 나간 것은 9시경이었다. 갑자기 가을 기운이 돌았다.

개츠비에게 고용되어 있던 하인 중 마지막으로 남은 정원사가 베란다 아래로 왔다.

"개츠비 님, 오늘 수영장의 물을 빼려고요."

"오늘 빼지 말아요."

개츠비가 말했다. 그는 변명하듯 나를 돌아보았다.

"올 여름에는 한 번도 수영장을 사용하지 않았답니다."

나는 시계를 보며 자리에서 일어났다.

"열차 시간까지 12분밖에 남지 않아서요……."

일어나긴 했지만, 나는 뉴욕에 가고 싶지 않았다. 개츠비를 그대로 내버려 두고 갈 수 없었다. 나는 그 열차도 놓치고 다음 열차도 놓친 다음에야 떠날 결심을 했다.

"나중에 전화하겠습니다."

결국 나는 그렇게 말했다.

"그렇게 해 주세요, 친구."

"낮에 걸겠습니다."

우리는 천천히 계단을 내려갔다.

"데이지도 전화를 걸겠지요."

그는, 내가 그럴 것이라고 말해 주기를 기다리는 듯이 말했다.

"걸겠지요."

"그럼, 잘 가십시오."

나는 악수를 나누고 그 곳을 떠났다. 그러나 담장을 돌아서기 전 나는 문득 생각난 것이 있어 그를 돌아보았다.

"그 사람들은 하찮은 사람들입니다."

나는 잔디밭 너머로 외쳤다.

"당신은 그 사람들 전부를 합쳐 놓은 것보다 가치 있는 사람입니다."

내가 그 때 그 말을 할 수 있었던 것을 내 평생 가장 자랑스럽게 생각한다. 그것이 내가 그에게 해 주었던 단 한 번의 칭찬이었던 것이다.

나는 처음부터 마지막까지 그를 인정하지 않았던 것이다. 그는 내 말을 듣고 수줍게 고개를 끄덕였지만, 무엇이든 다 이해할 수 있다는 듯 환하게 웃었다.

화려한 분홍색 옷이 흰 돌계단을 배경으로 무늬를 만들고 있어서, 나는 3개월 전 처음 그의 저택을 방문했던 날 밤을 생각했다.

그 때 그의 저택 잔디밭과 정원에는 그의 과거를 제멋대로 떠들어 대던 사람들로 우글거렸다.

그는 그 사실을 모두 알고 있었지만, 순수한 꿈을 간직한 채 그들을 따뜻하게 대해 주었다.

우울한 하루

뉴욕에 간 나는 한동안 회사 일로 정신이 없었다. 그러다 한가해진 틈에 회전 의자에 앉아 졸고 있었다.

12시가 되기 전 나는 전화벨 소리에 잠을 깼다. 조던 베이커 양이었다. 그녀가 그 시간에 전화를 걸어 오는 일은 흔히 있었다.

호텔로, 골프 클럽으로, 자기 집으로 바쁘게 돌아다니는 그녀는 자주 자기가 먼저 나에게 연락을 했다.

평소에 전화선을 타고 들려오는 그녀의 목소리는 그녀의 골프채가 골프장의 잔디를 잘라 보내듯 상쾌함이 넘쳐났다.

그러나 그 날은 그렇지 않았다.

"나, 데이지 집에서 방금 나왔어요."

그녀가 말했다.

"지금 햄프스테드에 있는데, 점심 시간 지나고 사우샘프턴으로 갈 거예요."

데이지의 집에서 나온 것은 잘한 일이었다.

"어젯밤 당신은 내게 친절하지 않더군요."

"그 땐 그럴 상황이 아니었소."

잠시 대화가 끊겼다. 이윽고 그녀가 말했다.

"만나고 싶어요."

"나도 만나고 싶소."

"사우샘프턴으로 가지 말고 오후에 뉴욕으로 갈까요?"

"아니, 오늘 오후는 너무 바빠서……."

우리는 그런 식으로 통화를 하다 전화를 끊었다. 누가 먼저 수화기를 내려놓았는지는 생각나지 않는다.

그녀와 두 번 다시 만날 기회가 없어진다 해도, 그 날은 그녀와 마주 앉아 떠들고 싶은 기분이 나지 않았다.

몇 분 뒤 개츠비의 집에 전화를 걸었지만 통화중이었다. 나는 네 번이나 다시 걸었다.

그러나 개츠비가 디트로이트에 장거리 전화를 하고 있어 통화를 할 수 없다고, 전화 교환수가 알려 주었다.

나는 기차 시간표를 꺼내 3시 50분에 출발하는 기차에 동그라미를 그렸다. 그리고 의자에 앉아 좀 생각을 했다. 그 때가 정각 12시였다.

윌슨의 오해

그날 아침 열차를 타고 잿빛 평원을 지날 때, 나는 일부러 사람들과 멀리 떨어져 앉았다.

말많은 사람들은 사건의 자세한 내용을 몇 번이고 지껄일 것이다.

그러는 동안 자신도 점점 정신이 흐려지고, 그러다 다른 소리를 지껄일 것이고, 그래서 머틀 윌슨의 비극은 잊혀져 갈 것이다.

여기서 이야기를 조금 앞으로 돌리자. 전날 밤 우리가 사라진 뒤 윌슨의 가게에서 무슨 일이 일어났는지 얘기할까 한다.

그 곳에서 조사를 하던 사람들은 머틀 윌슨의 동생인 캐서린이 어디 있는지 알아 내느라고 고생했다.

그녀가 사건 현장에 나타났을 때는 이미 술에 취해 정신이 하나도 없었다. 언니가 죽었다는 말을 듣고 그녀는 정신을 잃었다. 누군가가 캐서린을 태워 언니의 시체가 실려 있는 구급차를 따라갔다.

자정이 넘을 때까지 많은 사람들이 몰려들었다. 조지 윌슨은 사무실 안쪽 의자 위에 앉아 있었다.

한동안 사무실 앞을 지나는 사람들이 모두 그 안을 들여다보자 누군가가 창피스럽다며 문을 닫았다.

윌슨 옆에는 미카엘리스를 비롯해 몇 명의 사람이 있었다. 미카엘리스는 자기 집에서 커피를 끓여 와 밤새도록 윌슨 옆에 있어 주었다.

새벽 3시경 윌슨의 뜻 모를 중얼거림이 달라졌다. 차츰 평온해지면서 노란색 차에 대해 말하기 시작했다.

그는 그 차가 누구 차인지 알아 낼 수 있다고 했다. 이어 느닷없이 2, 3개월 전에 아내가 코가 부러져 뉴욕에서 온 일이 있다고 말했다.

그러나 그는 자기가 한 말에 놀라듯 '오오, 하느님!' 했다. 미카엘리스는 그의 기분을 달래려고 애를 썼다.

"조지, 결혼한 지 몇 년이나 됐소? 정신 차리고 내 말에 대답해요."

"12년이야."

"아이는 없소? 아이는?"

딱딱한 갈색 풍뎅이가 날아와 전등에 계속 부딪치고 있었다. 바깥에서 자동차들이 달려가는 소리를 들을 때마다 미카엘리스는 그 자동차가 사고를 낸 자동차 같았다.

그는 사무실 안을 왔다갔다 했다. 그러고는 윌슨 옆에 앉아 마음을 가라앉히려고 애썼다.

"조지, 가끔 교회에 나가나요? 교회에 전화해 목사님께 오시라고 하면 목사님 말씀을 들을 수 있을 텐데……."

"난 교회에 다니지 않아요."

"교회 다니는 게 좋아요. 이런 경우를 위해서 말이오. 당신도 교회에서 결혼식을 올렸겠지요? 조지, 교회에서 결혼식을 올렸지요?"

"그건 아주 먼 옛날 얘기요."

윌슨은 잠시 동안 말이 없었다.

"그 곳 서랍 안을 봐."

그가 책상을 가리켰다.

"어느 서랍요?"

"저 서랍이야."

미카엘리스는 제일 가까운 서랍을 열었다. 안에는 아무것도 없었다. 단지 은색 끈과 가죽으로 짠, 개목걸이 같은 것이 있을 뿐이었다.

"이것 말이오?"

미카엘리스는 그것을 내밀었다. 윌슨이 눈을 크게 뜨고 고개를 끄덕거리며 그것을 바라보며 말했다.

"그걸 어제 오후에 찾았어. 여편네는 엉뚱한 소리를 했지만, 나는 아무래도 이상하다고 생각했지."

"그러니까 부인이 이걸 샀다는 건가요?"

"그걸 화장지에 싸서 자기 화장대 안에 넣어 두었더군."

미카엘리스가 보기에는 하나도 이상할 것 없는 물건이었다. 단순한 개목걸이였다. 윌슨이 또다시 '오오, 하느님!' 하고 중얼거렸다.

윌슨은 자신이 하고 싶은 말을 잘 입 밖으로 내지 못했다.

"그렇다면 그놈이 여편네를 죽인 거야."

윌슨이 말했다.

"그놈이라니, 누구 말이오?"

"다 알 수 있는 방법이 있어."

"무슨 소리예요? 아침까지 가만히 앉아 있는 것이 좋겠어요."

"그놈이 내 아내를 죽인 거야."

"그건 사고였어요, 조지."

윌슨은 고개를 저었다. 그는 눈을 가늘게 뜨고 깔보듯이 '흥' 하고 중얼거렸다.

"나는 알고 있어."

그는 확실하게 말했다.

"나는 남의 말을 잘 믿지만 아무에게도 피해를 입힌 적은 없는 사람이야. 내가 알아 내려고 하면 얼마든지 알아 낼 수 있어. 그 사고는 그 차에 타고 있던 놈이 낸 거야. 아내는 그놈한테 할 얘기가 있어 뛰어나갔지만, 그놈이 차를 멈추지 않았던 거야."

미카엘리스도 그 사고를 직접 보았지만, 그것에 어떤 특별한 의미가 있는 것이라고는 생각하지 않았다.

윌슨의 부인이 어떤 차를 보고 뛰어나간 것이 아니라 그저 남편으로

부터 도망치기 위해 뛰어나간 것이라고 생각했다.

"부인이 그런 짓을 할 리 없잖아요?"

"그 여자는 속을 알 수 없는 여자야."

윌슨은 그 말이 모든 문제에 대한 대답이라도 되는 듯 말했다.

"아아……."

윌슨은 또다시 몸을 흔들기 시작했다.

"조지, 전화로 부를 만한 사람 없어요?"

미카엘리스도 그냥 해 본 말이었다. 윌슨 같은 사람에게 친구가 있을 리 없었다. 부인 하나도 제대로 돌볼 수 없는 사람이었다.

조금 지나서 실내가 환해지는 것을 보고 미카엘리스는 기분이 좀 나아졌다. 창 밖에서 희미한 새벽빛이 들어왔다.

윌슨은 흐리멍덩한 눈을 잿빛 산 쪽으로 던졌다. 작은 잿빛 구름들이 여러 가지 모양으로 바뀌며 새벽 바람에 살랑거렸다.

"나는 아내한테 말했었어."

오랫동안 조용히 있던 윌슨이 말했다.

"나를 속일 수는 있을지 몰라도 신은 속일 수 없어."

윌슨은 괴로운 듯 창가로 다가가 얼굴을 기댔다.

" '신은 네가 하는 짓을 알고 있어, 네가 무슨 일을 하든 다 안다고. 넌 날 속일 수 있어도 신을 속일 수는 없다' 라고 말해 주었어."

윌슨 뒤에 서 있던 미카엘리스는, 윌슨이 거대한 에클버그 박사의 눈을 보고 있다는 것을 알고는 깜짝 놀랐다.

"신은 모든 것을 보고 계신 거야."

윌슨은 되풀이했다.

"저건 단지 광고예요."

미카엘리스가 윌슨에게 말해 주었다. 그러나 윌슨은 유리창에 바짝 붙어선 채 이른 아침의 엷은 빛을 향해 고개를 끄덕이고 있었다.

6시쯤에는 미카엘리스도 피곤했기 때문에 밖에서 자동차 소리가 들리자 기뻤다. 그 사람은 전날 밤 윌슨 곁에 있었던 사람이었는데, 아침에 다시 오겠다고 약속했던 사람이었다.

미카엘리스는 세 사람의 아침 식사를 만들어 와 같이 먹었다. 윌슨도 이제는 상당히 안정이 되었기 때문에 미카엘리스는 집으로 돌아갔다.

4시간 후 그가 한숨 자고 일어나 윌슨의 집으로 갔을 때, 윌슨은 없었다. 나중에 윌슨이 루스벨트 항에 모습을 나타냈고, 이어 개즈힐에 간 것까지 밝혀졌다. 거기에서 커피를 한잔 마시고, 그는 분명 피곤해서 천천히 걸었을 것이다. 여기까지 밝혀 내는 것은 어렵지 않았다.

'정신이 나간 듯한' 남자를 소년들이 보았고, 운전하는 사람들도 그를 보았기 때문이다.

그런데 그 이후 3시간 동안 그가 무엇을 했는지는 아직 밝혀지지 않았다. 경찰은 그가 범인을 찾을 수 있다고 말했다는 것을 미카엘리스로부터 전해 들었다. 하여튼 윌슨은 2시 반에 웨스트에그에 나타나, 개츠비의 집으로 가고 있었다. 그러니까 그 때는 이미 그가 개츠비의 이름을 알고 있을 때였다.

비극적 종말

개츠비는 2시에 수영복을 입고는 누구한테서라도 전화가 걸려 오면 수영장에 있다고 전해 주라고 운전사에게 말했다.

그는 매트리스 모양의 공기 튜브를 가지러 차고로 갔고, 운전사도 그 매트리트에 바람 넣는 것을 도와주었다.

차고 안에 세워 둔 오픈카는 어떤 일이 있어도 가지고 나가지 말라고 일러 두었다. 차 오른쪽 앞바퀴의 흙받기를 수리해야 했기 때문이다.

개츠비는 공기 튜브를 들고 수영장 쪽으로 걸어갔다. 도중에 한번 멈추어 서서 잠시 매트리스를 고쳐 메었다.

전화는 한 통도 걸려 오지 않았다. 운전사는 낮잠도 자지 않고 4시까지 기다렸다. 전화가 걸려 왔다 해도 그 시간에는 이미, 그 전화를 받을 사람이 죽은 지 한참 지난 후였다. 개츠비 자신도 전화가 걸려 오지 않으리라는 것을 예측했을 것이라고 생각된다. 그런 기분에 빠진 그는, 오래 살아서 정든 따뜻한 세계를 잃어버린 기분이 아니었을까.

그의 운전사가 몇 발의 총 소리를 들었다. 그러나 그리 신경 쓰지 않았다. 나는 역에서 곧바로 개츠비의 집으로 차를 달렸다. 숨을 헐떡이며 현관 앞 계단을 달려 올라갔다.

내 발소리를 듣자 사람들은 비로소 무슨 일이 일어났음을 짐작했다.

우리 네 사람, 운전사와 하인, 그리고 정원사와 나는 한 마디도 하지 않고 수영장으로 급히 내려갔다.

한쪽 끝에서 다른 쪽 끝으로 물이 흘러가고 있었다. 수면은 거의 보이지 않을 정도의 작은 움직임이 있었다. 잔물결을 일으키면서 개츠비를 태운 공기 매트리스가 수영장 아래쪽을 향해 조금씩 움직여 가고 있었다. 약간의 바람이 불었지만, 그 바람은 예사롭지 않은 짐을 싣고 정처 없이 떠내려가던 매트리스의 진행을 방해하기에 충분했다.

한 무더기의 나뭇잎이 매트리스에 닿자, 그것은 천천히 돌면서 물 위에 빨간 원을 그렸다. 그것은 개츠비의 몸에서 흘러나오는 피였다.

우리가 개츠비를 메고 집으로 들어간 뒤, 정원사가 조금 떨어진 잔디밭에서 윌슨의 시체를 발견했다.

이로써 사건은 완전히 막을 내렸다.

비겁한 인간들

그로부터 2년이 지난 지금에 와서 생각해 보면, 그 날 낮과 밤, 그리고 다음 날까지 경찰과 카메라맨, 신문 기자들이 개츠비의 집을 끊임없이 드나들었던 것밖에 기억나지 않는다.

한 형사가 그 날 윌슨의 시체를 보고는 '미친 사람'이라는 말을 했는데, 그것이 다음 날 신문 기사에 나왔다.

기사의 대부분은 악몽과도 같았다. 기괴하고, 아주 자세했으며, 흥분된 상태에서 씌어져 있었다. 대부분 진실과는 거리가 먼 기사였다.

캐서린은 한 마디도 비밀을 말하지 않았다. 그녀는 빈틈없었다. 그녀는 검시관을 향해, 언니는 개츠비라는 사람과 한번도 만난 일이 없고 부부 사이가 굉장히 좋았으며, 남자 문제는 아무것도 없었다고 말했다.

그녀가 손수건을 대고 울자, 윌슨은 '너무나 슬픔에 빠진 나머지 정신에 이상이 생긴' 남자로 결론지어졌다.

그러나 그런 일들은 모두 내게 속이 다 들여다보이는, 사건의 진짜 내용과는 아무런 관계도 없는 것처럼 생각되었다.

나는 어느 새인가 개츠비의 사람이 되어 있었다. 나 이외에는 아무도 그의 편에 서 있는 사람이 없었다.

내가 웨스트에그에 전화로 알린 순간부터 개츠비에 관한 질문들이 나에게 쏟아졌다. 나는 그 사건의 책임자 같은 기분이 들었다.

어떤 사람이라도 죽었을 때는 누군가가 관심을 가져 주는데, 그에게는 그런 사람이 하나도 없었던 것이다.

개츠비를 발견하고 나서 30분 후쯤, 나는 주저하지 않고 데이지에게 전화를 걸었다.

그런데 그녀와 톰은 그날 오후 외출을 했고, 여행 가방까지 가지고 나갔다는 것이었다.

"어디로 간다고 말하지 않았나요?"

"네."

"언제 옵니까?"

"모릅니다."

"어디에 있는지 연락할 수 없습니까?"

"모릅니다."

나는 개츠비를 위해 누군가를 데려오고 싶었다. 나는 그가 누워 있는 방에 들어가 그를 안심시켜 주고 싶었다.

"개츠비, 누군가를 데리고 올 테니까 걱정하지 마시오. 나를 믿으시오……."

마이어 울프샤임의 이름은 전화번호부에 없었다. 하인이 브로드웨이에 있는 그의 사무실 전화번호를 알려 주어 전화를 걸어 보았지만 아무도 받지 않았다.

나는 응접실로 돌아갔다. 우연한 방문객들 같은 사람이 몇몇 있었다.

개츠비는 내게 이렇게 말하는 것 같았다.

"친구, 나를 위해 누군가를 데려와 주시오. 나 혼자서는 이 사건을 해결할 수가 없으니까."

누군가가 나를 불렀지만, 나는 2층으로 올라가 서랍을 뒤졌다. 그는 양친이 죽었다고 말한 적이 없었다.

다음 날 아침, 하인에게 울프샤임에게 보내는 편지를 들려보냈다. 그 편지에 나는 그가 알고 있는 것을 들려달라고 썼으며, 다음 열차로 와 달라고 썼다.

나는 그가 신문을 보았다면 이리로 달려올 것으로 믿었다. 또한 마찬가지로 데이지도 나에게 전보를 칠 것이라고 믿었다.

그러나 울프샤임도 오지 않았고 전보도 오지 않았다.

하인이 울프샤임의 답장을 가지고 왔을 때 나는 화가 났다. 개츠비와 함께 그들 모두를 경멸해 주고 싶은 기분이었다.

캐러웨이 씨, 이번 일은 제 평생 가장 무서운 충격입니다. 설마 이런 일이 사실이라고는 믿기지 않습니다. 그자가 저지른 그런 미친 짓은 우리 모두에게 많은 생각을 하게 만듭니다. 현재 저는 상당히 중요한 일 때문에 그 곳에 갈 수 없으며, 그 사건에 관계되어서도 안 됩니다. 시간이 지난 다음, 제가 할 수 있는 일이 있다면, 에드거를 통해 편지를 보내 주십시오. 저는 이번 일로 너무나 큰 충격을 받았습니다.

마이어 울프샤임

그리고 그 아래 휘갈겨 쓴 두 줄의 글이 있었다.

장례식이나 그 외에 일에 대해서 연락해 주시면 고맙겠습니다. 저는 그의 가족에 대해서는 전혀 모릅니다.

이날 오후 전화벨이 울렸을 때, 나는 그제서야 데이지에게서 전화가 온 줄 알았다. 그런데 아니었다.

쓸쓸한 장례식

헨리 개츠라고 서명된 전보가 미네소타 주의 어떤 도시에서 온 것은 3일째 되던 날이었다.

곧 도착하겠으며, 그 때까지 장례식을 연기해 달라고 씌어 있었다.

그 사람은 개츠비의 아버지였는데, 표정이 몹시 굳어 있었고, 아직 9월인데도 싸구려 긴 외투를 입고 있었다. 다른 것은 먹지 않겠다고 해서 우유를 한 잔 주었는데, 그것도 손이 떨려 다 쏟아 버렸다.

"시카고 신문에서 보았소."

그가 말했다.

"시카고 신문에 크게 실렸소. 그래서 곧바로 출발했소."

"알리려고 했지만 방법이 없었습니다."

노인은 특별히 뭔가를 보는 것은 아니었지만 방 안을 끊임없이 두리번거렸다.

"미친놈의 짓이었다고 그러던데."

"커피 좀 드시겠어요?"

나는 그에게 커피를 권했다.

"아무것도 먹고 싶지 않소. 난 이제 괜찮소. 그런데 이름이?"

"닉 캐러웨이라고 합니다."

"어쨌든 난 이제 괜찮소. 지미는 어디 있소?"

나는 그를 아들이 누워 있는 응접실로 데리고 갔다. 어린아이들 몇이 현관 앞 계단 위에까지 올라와서 안을 들여다보고 있었다.

잠시 후 개츠 씨가 문을 열고 나왔다. 눈물을 흘리고 있었지만, 그 집의 화려함을 보고는, 슬픈 가운데에서도 자랑스러움을 느끼기 시작한 것 같았다.

"당신이 어떻게 장례식을 치를지 몰라서요, 개츠비 씨……."

"개츠라고 합니다."

"아아, 개츠 씨였지요. 혹 서부로 시체를 옮기시렵니까?"

그는 고개를 저었다.

"지미는 옛날부터 동부를 좋아했소. 그 아이가 지금의 지위에 오른 것도 동부였고⋯⋯. 당신은 지미의 친구요?"

"네, 친구였습니다."

"아시겠지만, 그놈은 앞길이 창창했었소. 새파랗게 젊은데다 머리도 좋았으니까요."

나는 고개를 끄덕였다.

"좀더 살았다면 훌륭한 사람이 됐을 거요. 제임스 제이 힐 같은 사람처럼 말이오. 분명 국가 건설에 큰 공을 세웠을 거요."

"그렇습니다."

나는 쑥스러운 기분이 되어 그렇게 대꾸했다.

그는 피곤했는지, 수가 놓인 침대 시트 속으로 들어가서는 이내 잠이 들었다.

그날 밤 누구에겐가 전화가 걸려 왔는데, 머뭇거리고 있었다.

"난 캐러웨이입니다."

먼저 내 이름을 밝혔다.

"그래요!"

안심이 되는 듯 그가 말했다.

"전 클립 스프링거입니다."

나 또한 마음이 놓였다. 왜냐하면 개츠비의 장례식에 도착할 사람이 한 명 더 늘었다고 생각했기 때문이다.

"장례식은 내일입니다. 3시에 여기에서 합니다. 관심 있는 주위 분들에게 알려 주시겠습니까?"

나는 서둘러 말했다.

"네, 그거야 전하지요."

그렇게 말하는 그의 말투에서 나는 문득 의심이 생겼다.

"당신도 참석하시지요?"

"꼭 그러고 싶습니다. 하지만 제가 전화를 한 것은……."

"잠깐만요."

나는 그의 말을 가로막았다.

"참석하신다는 말씀이지요?"

"아니, 실은 말입니다. 난 지금 그리니치의 어떤 집에 있습니다. 그런데 거기 사람들이 어딜 가는데 내가 꼭 가야 한답니다. 피크닉인가 뭔가 말입니다. 어떻게든 거기서 빠져 보도록 최선을 다할 거지만 말입니다."

나는 나도 모르게 '흥' 하고 코웃음을 쳤다.

"제가 전화를 한 용건은, 그 곳에 제 테니스 신발을 두고 왔습니다. 죄송하지만 하인을 통해 좀 보내 주시면 고맙겠습니다."

그 다음 말은 내 귀에 들리지 않았다. 나는 전화를 끊어 버렸다. 나는 개츠비에게 부끄러움을 느꼈다.

장례식 날 아침에 마이어 울프샤임을 만나기 위해 뉴욕으로 갔다. 다른 방법으로는 그에게 연락할 수 없었기 때문이다.

사무실 앞에는 '스와스티커 주식회사'라고 적혀 있었다. 예쁜 유대인 여자가 나타나 검은 눈으로 나를 빤히 바라보며 말했다.

"아무도 없습니다. 울프샤임 씨는 시카고에 가셨습니다."

거짓말이었다. 누군가가 안에서 노래를 부르고 있었다.

"죄송합니다만, 캐러웨이가 만나고 싶다고 전해 주십시오."

내가 내 이름을 말하자 그녀가 놀란 눈으로 날 바라보았다.

"시카고에서 불러올 수는 없잖아요."

"안에 그가 있다는 걸 압니다."

그녀가 안 쪽으로 사라졌다.

잠시 후 울프샤임이 엄숙한 태도로 나와 나에게 양손을 내밀었다. 그는, 지금은 모두에게 슬픈 시간이라며 내게 담배를 권했다.

　"처음 그를 만났을 때가 생각납니다. 막 제대한 젊은 소령이었는데, 어깨에는 훈장을 잔뜩 달고 있었지요. 그는 이틀 동안 아무것도 먹지 못했다고 했지요. 그래서 밥을 사 주었는데, 30분도 되기 전에 4달러어치 이상의 음식을 먹어치웠어요."

　"그럼 당신이 그에게 일거리를 주었소?"

　"일거리? 천만에! 나는 그를 키웠소."

　"그랬군요."

　"나는 그 사람을 밑바닥에서 일어나게 했소. 그를 보는 순간 훌륭하고 신사다운 청년이라는 걸 알았고, 옥스퍼드 출신이라기에 쓸모가 있겠다고 생각했소."

　"이제 그 사람은 죽었습니다."

　나는 잠시 사이를 두고 말했다.

　"당신은 친한 친구였으니까, 장례식에 참석하시리라 생각합니다만."

　"그야 가소 싶소."

　"그렇다면 와 주십시오."

　그가 고개를 저었을 때 그의 눈에는 눈물이 고여 있었다.

　"그건 안 되오. 말려들 수는 없습니다."

　"말려들 일은 아무것도 없습니다. 이미 모든 것이 끝났습니다."

　"사람이 살해당했을 때는 어떤 식으로든 관계하고 싶지 않습니다. 가까이 갈 수가 없소. 나도 젊었을 때는 이렇지 않았소."

　아무래도 그는 참석하지 못할 분명한 이유가 있는 것 같았다. 나는 자리에서 일어났다.

　"당신은 그와 대학 동창인가요?"

갑자기 그가 그렇게 물었을 때, 예전의 그 언젠가처럼 '거래선' 얘기할 때가 생각났다.

"우정은 죽어서가 아니라, 살아 있는 동안에 보여 주는 법이라는 걸 배우지 않겠소? 죽고 나서는 내버려 두는 것이 내 법칙이라오."

나는 가랑비를 맞으며 웨스트에그로 돌아왔다. 옷을 갈아입고 옆집에 가 보니 개츠 씨가 뭔가 흥분해서 돌아다니고 있었다.

"지미 녀석은 내게 사진을 보내 주었었소."

그가 떨리는 손으로 지갑에서 사진을 꺼냈다.

"이겁니다."

그것은 개츠비의 저택 사진이었다. 네 귀퉁이가 찢어져 있었고 손때가 묻어 있었다. 그는 실제 집보다 사진 쪽에 더 관심이 있는 듯했다.

"잘 찍었군요. 최근에 아드님을 만난 적이 있습니까?"

"2년 전에 만나러 와서 지금 내가 살고 있는 집을 사 주었소. 그 녀석은 창창한 미래가 눈앞에 펼쳐져 있는 것을 알고 집을 뛰쳐나간 것이오. 성공하고 나서 녀석은 우리에게 정말 잘해 주었지요."

"이건 이 녀석이 어릴 적부터 가지고 있던 책이오. 이걸 보면 사람의 됨됨이를 알 수 있을 겁니다."

그는 그것의 뒤 페이지를 열어서 내게 보여 주었다.

거기에는 '계획표'라는 말과 함께 1906년 9월 12일이라는 날짜가 적혀 있었다.

기상	오전 6:00
아령 들기, 벽 기어오르기	오전 6:15-6:30
전기학 및 기타 공부	오전 7:15-8:45
작업	오전 8:45-오후 4:30

야구 및 운동	오후 4:30-5:00
웅변 연습, 포즈 연습	오후 5:00-6:00
새로운 방법 연구	오후 7:00-9:00

결심한 일들
샤프터즈나 00(알아볼 수가 없었다)에서 시간을 낭비하지 말 것.
금연, 껌을 씹지 말 것.
하루 건너 목욕할 것.
매주 교양 도서나 잡지를 한 권씩 읽을 것.
매주 5달러(지우고 3달러로 고쳐져 있었다) 저금할 것.
부모님께 더 잘할 것.

"나는 우연히 이 책을 찾아 냈는데……."
노인은 말했다.
"이걸 보면 잘 알 수 있겠지만, 지미는 출세하게 되어 있었소."
3시가 되기 전에 플러싱으로부터 루터교 목사가 도착했다. 나는 다른 자동차가 더 오지 않나 밖을 내다보았다. 목사가 몇 번이나 시계를 보았기 때문에 나는 그에게 30분만 더 기다려 달라고 말했다. 하지만 아무리 기다려도 더 이상 오는 사람은 없었다.

불쌍한 개츠비

5시쯤 3대의 자동차로 이루어진 장례 행렬이 묘지로 출발했다.
맨 앞에는 비에 젖어 어쩐지 기분 나쁜 영구차가 서고, 그 뒤를 개츠비 씨와 목사가 탄 리무진이 따랐다.

그리고 조금 떨어져서 대여섯 명의 하인들과 웨스트에그의 우편 배달부가 탄 개츠비의 스테이션 왜건이 뒤따랐다.

모두 비에 흠뻑 젖었다. 묘지에 도착했을 때 사람들은 심하게 내리는 비를 맞지 않으려고 바쁘게 움직였다.

우리가 묘지 안으로 들어섰을 때, 나는 자동차가 멈추는 소리를 들었고 이어서 물을 튕기며 빠르게 우리 뒤를 따라오는 발소리를 들었다.

돌아보니 3개월 전 개츠비의 서재에서 만났던 남자가 도착했다. 책을 보며 감탄하던 그가 올빼미 같은 안경 너머로 우리를 바라보았다.

서재에서 만난 이후로 나는 그를 만난 적이 없었다. 그가 어떻게 해서 장례식에 참석했는지 궁금했다. 나는 그의 이름조차 모르고 있었다.

그의 두툼한 안경알에서도 비가 흘러내리고 있었다. 그는 안경을 벗어 개츠비의 무덤을 덮은 헝겊이 벗겨지는 것을 보려고 안경알을 닦았다. 그 때 나는 잠시 개츠비에 대해 무엇인가를 떠올려 보려고 했지만 그가 아주 멀리 가 버렸다는 생각밖에는 할 수 없었다.

그보다 나는 데이지가 전보도 꽃 한 송이도 보내지 않았다는 사실에 화가 나서 다른 생각은 나지도 않았던 것이다.

누군가가 '죽어서 비를 맞는 사람은 복이 있나니'라고 중얼거리는 것이 희미하게 들려왔다. 그 소리에 이어, 올빼미 안경을 쓴 남자가 큰 소리로 '아멘'이라고 말했다.

개츠비를 흙 속에 묻은 우리는 비 때문에 허겁지겁 자동차 안으로 돌아왔다. 서재에서 만난 남자가 자동차 창문 밖에서 말을 걸었다.

"집에는 갈 수 없었습니다."

"한 사람도 오지 않았습니다."

"뭐라고요!"

그는 너무나 놀라고 있었다.

"세상에 어떻게 그런 일이. 수백 명씩 드나들던 사람들은 모두……."

그는 안경을 벗어 또 안경알을 닦았다.

"불쌍한 사람……."

그가 그렇게 말했다.

뒤틀린 동부

개츠비가 죽은 후, 동부 지방은 어떻게 고쳐질 수 없는 뒤틀린 곳으로 내 기억 속에 남아 있다.

그래서 나는 이 곳에서의 일이 대충 마무리되는 대로, 고향으로 돌아가기로 결심했다.

나는 떠나기 전 정리해 두지 않으면 안 되는 일이 한 가지 있었다. 나는 조던 베이커 양을 만났다. 만나서 우리 두 사람 사이에서 일어났던 일이나, 그 후 내 자신에게 일어났던 일을 자세하게 말했다.

그녀는 큰 의자에 앉아 꼼짝 않고 내 말을 들었다. 그녀는 보기에도 경쾌해 보이는 골프 옷을 입고 있었다.

조금 기분이 상한 듯 처음 만났을 때처럼 턱을 들어올리고 있었다.

그녀의 단정하고도 세련된 머리 모양과, 햇빛에 그을은 가무잡잡한 얼굴색이 화가의 그림 모델로서 안성맞춤이라는 생각이 들었다.

내가 이야기를 마치자 그녀는 이렇다 저렇다 아무런 설명도 없이 어떤 남자와 약혼했다고 말했다.

그녀에게는 그녀가 머리를 끄덕이기만 하면 언제든 결혼할 수 있는 남자가 몇몇 있기는 했지만, 나는 그녀의 말이 믿어지지 않았다.

어쨌든 나는 깜짝 놀라는 시늉을 했다.

아주 짧은 순간, 나는 내가 뭔가 잘못하고 있는 것은 아닌가 하면서

도, 곧 자리에서 일어나 작별 인사를 하려고 했다.

"당신이 나를 버린 거죠."

갑자기 조던 양이 말했다.

"당신이 그 전화로 나를 버린 거예요. 지금은 당신을 까마득하게 잊었지만, 그런 일은 난생 처음이었어요."

우리는 악수를 나누었다.

"당신 기억나요?"

그녀가 물었다.

"언젠가 운전할 때, 우리가 나누었던 얘기……."

"글쎄, 정확하지가 않아서……."

"당신은 이렇게 말했지요. 운전을 못하는 사람은 운전을 더 못하는 사람을 만날 때까지 안전하다고. 그런데, 나와 비슷한 사람을 만난 거예요. 당신도 운전을 잘하지 못했어요. 그렇지 않아요?"

"난, 벌써 서른 살입니다. 자신에게 거짓말을 하고 그걸 명예라고 생각하기에는 다섯 살이나 더 먹었지요."

그녀는 아무 대답이 없었다.

화가 나기도 했고, 어느 정도는 그녀에게 사랑이 남아 있기는 했지만, 나는 미안한 마음으로 돌아서 버렸다.

부캐넌의 양심

10월 어느 날 오후 나는 톰 부캐넌의 모습을 보았다.

방해하는 사람이 있다면 곧 물리칠 듯한 자세로 양손을 약간 앞으로 내민 채 5번가를 걷고 있었다.

그의 걸음걸이는 변함없이 공격적으로 보였다. 그를 모른 척하려고 걷는 속도를 늦추는 순간, 그가 보석상 쇼윈도 앞에서 멈춰 섰다.

보석을 들여다보던 그가 내 모습을 알아보고는 손을 내밀었다.

"왜, 나하고 악수하기 싫은 건가?"

"그래, 내가 자네를 어떻게 생각하는지 알고 있잖아."

"농담하지 마, 닉. 도대체 왜 그래? 난 잘 모르겠는데."

"톰."

나는 비난하듯 말했다.

"그날 오후 윌슨에게 무슨 말을 했나?"

그는 한 마디도 하지 않고 나를 노려보았다. 윌슨의 행방을 알 수 없었던 그 시간에 대한 내 추측이 맞아떨어졌다.

나는 그에게서 등을 돌리고 걷기 시작했다. 그러자 그가 내 뒤로 따라와 팔을 잡아챘다.

"나는 그에게 있는 그대로 말해 준 것뿐이야."

그가 말했다.

"2층에서 외출 준비를 하는데, 그자가 현관문 앞까지 왔었어. 그러고는 하인을 밀치고 2층으로 뛰어올라왔어. 그 차 주인이 누구인지 말하지 않으면 죽이겠다고 할 정도로 제정신이 아니었지. 내 집에 있는 내내 주머니 안에 있는 권총에서 손을 떼지 않았다구."

그는 잠시 말을 끊더니 시비조로 말했다.

"내가 그 작자에게 말했다고 해서 그게 뭐가 어쨌다는 거야. 자기 우물 자기가 판 것 아닌가. 데이지뿐만 아니라 자네도 개츠비에게 눈이 멀었군. 하지만 그 녀석은 말도 안 되는 놈이야. 강아지라도 치듯이 머틀을 치고서 도망쳤잖아."

나는 아무 말도 할 수 없었다. 사실은 그게 아니라는 말을 해 주고 싶었지만, 그 말 이외에는 달리 해 줄 말이 없었다.

"내가 아무런 고통도 느끼지 않았다고 생각하지 말게. 나한테도 할 말이 있어. 뉴욕의 그 아파트를 내놓으려고 갔다가 내가 사 준 그 개의 먹이가 싱크대에 놓여 있는 것을 보고 난 아이처럼 울었네. 앉아서 한참을. 정말 견딜 수 없었어."

나는 그를 용서할 수도 좋아할 수도 없었다.

그는 자기가 한 일에 대해서 조금도 양심의 가책을 느끼지 않고 있었다. 모든 것이 너무나 경솔했고 복잡하게 얽혀 있었다.

결국 톰과 데이지는 하찮은 인간들이었다. 물건이든 무엇이든 엉망으로 만들어 놓고는, 자기들은 다른 곳으로 도망쳐 버리는 사람들이었다. 뒷처리는 남에게 맡긴 채.

나는 그와 악수를 했다. 하지 않는 것이 오히려 어리석은 일 같았다.

나는 문득 어린아이와 얘기한 듯한 기분이 들었다. 돌아선 그는 보석

상으로 들어갔다. 커프스 버튼을 사기 위해서인지 아니면 진주 목걸이를 사기 위해서인지는 모르지만.

그리고 나는 촌스러운 결벽증으로부터 도망쳤던 것이다.

텅 빈 저택

내가 출발했던 날도 개츠비의 저택은 비어 있었다. 잔디는 내 집 잔디만큼이나 길게 자라 있었다.

그 동네를 왔다갔다 하는 택시 운전사 한 사람은 손님을 태우고 그 집 앞을 지나칠 때면 늘 그 집 앞에서 1분 정도 정차했다.

그 운전사는 사고가 있던 날 밤에 데이지와 개츠비를 웨스트에그에 태우고 갔던 운전사였을 것이다. 그는 그 사건에 관련된 이야기를 자신만의 특별한 물건인 양 떠들고 다닐 것이다.

나는 그 소리를 듣고 싶지 않았기 때문에 열차에서 내렸을 때, 그의 택시는 피했다.

토요일 밤은 뉴욕에서 보냈다.

개츠비의 저택에서 열렸던 그 소란스러웠던 파티에 대한 인상이 너무 생생하게 남아 있었기 때문이다.

그의 정원에서 음악 소리와 왁자하게 떠들며 웃는 소리가 들려오는 듯한 기분이 들었다.

자동차들이 그 집 앞에 줄을 서는 소리도 들리는 듯했다.

실제로 어느 날 밤에는 자동차 한 대가 들어가는 소리를 들었다. 헤드라이트 불빛이 현관 앞의 계단을 비추는 것을 보았지만, 그 차는 잠시 후 돌아갔다.

어쩌면 지구 끝에라도 갔다왔기 때문에 파티가 이제는 영원히 끝났다는 것을 모르는 마지막 손님일 것이다.

마지막 날 밤, 나는 짐을 챙긴 뒤 자동차도 식료품점에 팔아 버리고, 거대하지만 이제는 아무런 의미도 없는 개츠비의 저택을 다시 한 번 둘러보았다.

흰 계단 위에 아이들이 벽돌 조각으로 써 놓은 상스러운 낙서들이 달빛을 받아 뚜렷하게 보였다.

나는 그것을 구둣발로 쓱쓱 문질러 지웠다. 그러고는 어슬렁거리며 해변으로 걸어가 모래밭에 길게 누웠다.

이제는 해변을 따라 지어진 큰 저택들의 대문은 대부분 문을 닫았고, 해협을 건너는 연락선의 희미한 불빛만이 바다를 밝히고 있었다.

달이 점차 높이 떠오르자 작은 집들의 모습은 사라지고, 예전에 네덜란드 뱃사람들의 눈에 꽃처럼 보였던 이 섬의 옛 모습이 떠올랐다.

지금은 없어진 많은 나무들, 개츠비의 정원에 심어진 나무들도 예전에는 모든 인간의 꿈 중에서도 마지막 꿈, 그리고 가장 커다란 꿈을 그들의 가슴에 안겨 주었을 것이다.

인간은 그러한 자연 속에서 자신이 원하는 것을 얻으며, 때로는 그것과의 신비로운 만남을 경험하기도 한다.

해변에 누워 미지의 세계에 대한 생각에 잠겨 있던 나는 문득, 개츠비가 데이지의 집과 이어진 부두 끝의 녹색등을 처음 발견했을 때를 생각했다.

그는 긴 여행 끝에 이 푸르른 잔디밭에 도착해, 조금만 더 가면 자신의 꿈에 한 발자국 더 가까이 갈 수 있다고 생각했을 것이다.

그러나 그 꿈이 그렇게 자신을 등지고 밤하늘 아래 꿈틀거리는 도시 저 너머의 흐릿한 곳으로 물러가 버렸다는 사실은 몰랐던 것이다.

개츠비는 그 녹색등의 존재를 믿듯이 자신의 미래를 굳게 믿고 있었던 것이었다. 하지만 그것은 그의 손에서 빠져 나가 버렸다.

그러나 그것은 걱정할 일이 아니다. 우리는 내일 더 빨리 달려서 더 멀리까지 갈 수 있을 것이다.

그렇게 해서 우리는 끊임없이 과거로 밀려가면서도 물결을 거슬러 노 젓기를 계속할 것이다.

작품 알아보기
(장편문학)

〈위대한 개츠비〉는 1925년에 발표된 피츠제럴드의 대표작으로 순박했던 청년 개츠비의 성공과 파멸에 대한 이야기를 그의 주변 인물인 닉이라는 청년의 입을 통해서 전달하는 형식으로 된 소설이다.

닉이 사는 옆집에는 개츠비라는 삼십대 부자가 살고 있었고, 닉은 어느 날 밤에 그 집 마당에서 홀로 해협 건너편을 바라보고 있는 개츠비의 모습을 보게 된다. 얼마 후 닉은 개츠비가 무척 가난한 군인이었고 지금은 남의 아내가 된 데이지와 사랑하는 사이라는 걸 알게 된다.

닉은 우연을 가장하고 두 사람을 만나게 해 주었으나, 우려했던 대로 데이지의 남편 톰은 아내와 개츠비의 사이를 눈치채게 된다. 어느 날 그들은 모두 뉴욕으로 드라이브를 가게 되고 호텔에서 말다툼을 벌이게 된다. 그 때 톰의 자동차를 정비해 주던 정비소 주인 윌슨이 아내 머틀의 부정을 알고 그녀를 몰아세운다. 머틀은 울면서 뛰쳐나오다가 그만 자동차에 치여 죽는다.

그 차는 개츠비의 차로 추정되었고, 닉은 그를 찾아가 자초지종을 듣는다. 개츠비의 얘기에 의하면, 그 당시에 데이지가 운

작품 알아보기
(장편문학)

전을 했으며, 갑자기 머틀이 뛰어들었다는 것이다. 닉은 다음 날 다시 개츠비를 찾아갔는데, 개츠비는 살해되어 수영장 물에 둥둥 떠 있었고, 정원에는 자살한 윌슨이 있었다. 톰이 윌슨에게 범인이 개츠비인 것 같다고 귀띔을 한 것이다.

개츠비의 장례식에는 단 한 사람만 참석한다. 데이지도 톰도 어디론가 여행을 떠났기 때문에 행방을 알 수 없게 되는 것으로 이야기는 끝이 난다.

이 작품은 1920년대의 미국인의 생활을 엿볼 수 있는 풍속 소설에 그치지 않고, 부유한 계층의 퇴폐적인 생활을 비판하며 미국의 꿈이라는 것이 오늘에 이르러 얼마나 큰 비극으로 바뀔 수 있는가 하는 주제를 상징적인 이미지를 통하여 보여 주고 있다.

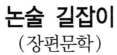

논술 길잡이
(장편문학)

❶ 다음은 부캐넌 부부의 초대를 받아 간 닉이 두 사람의 불행한 결혼 생활을 엿보게 되는 장면이다. 여기서 전화벨이 상징하는 바를 써 보자.

> 또다시 안에서 전화벨이 요란하게 울렸다. 하지만 데이지가 톰에게 분명하게 고개를 가로저었기 때문에, 마구간 이야기뿐만 아니라 다른 모든 이야깃거리들도 모조리 허공으로 흩어져 버렸다.

논술 길잡이
(장편문학)

❷ 닉은 왜 동부에 오게 되었는지, 동부에 온 느낌이 어땠는지에 대해 써 보자.

_____

_____

_____

_____

❸ 개츠비의 파티에 초대되어 간 닉은 주위에서 수군거리는 개츠비에 대한 이야기를 듣다가 잠시 후 개츠비를 만나게 된다. 개츠비에 대한 소문과 닉이 받은 개츠비의 인상이 어떻게 다른지에 대해 써 보자.

_____

_____

_____

_____

_____

논술 길잡이
(장편문학)

❹ 다음은 개츠비와 재회하게 된 데이지가 개츠비의 방에서 그의 고급 와이셔츠들을 둘러보다 울음을 터뜨리는 내용이다. 데이지가 진짜로 하고 싶은 말이 무엇이었을까를 생각해 보고 글로 써 보자.

> 갑자기 데이지는 목이 막히는지 와이셔츠 속에 얼굴을 묻고는 격렬하게 울기 시작했다.
> "어쩜 이렇게 예쁜 와이셔츠가……."
> 그녀의 울먹이는 목소리가 와이셔츠 더미 속에서 들려왔다.
> "왠지 슬퍼요. 이렇게 예쁜 와이셔츠는 본 적이 없거든요."

논술 길잡이
(장편문학)

❺ 아래 그림은 개츠비의 집에서 자주 이루어졌던 호화로운 파티 모습으로, 당시 미국 상류 사회의 풍속도를 잘 나타내 주고 있다. 이처럼 1920년대의 미국의 풍속도와 관련된 작품들을 조사해서 써 보자.

....

....

....

....

논술 길잡이
(장편문학)

❻ 개츠비는 어떻게 데이지를 만나게 되었고, 왜 헤어졌는지,
데이지는 왜 톰과 결혼하게 되었는지를 이야기 형식으로 써
보자.

....

....

....

....

❼ 초라한 어부의 아들이었던 개츠비가 어떻게 부자가 되었는
지를 본문의 내용을 살펴 글로 써 보자.

....

....

....

....

....

논술 길잡이
(장편문학)

❽ 아래 그림은 톰과 개츠비가 신경전을 벌이다 노골적으로 싸우게 되는 장면이다. 톰과 개츠비, 데이지의 심정을 각각 분석해 보고 써 보자.

논술 길잡이
(장편문학)

❾ 개츠비를 죽인 범인은 누구며, 왜 죽이게 되었는지에 대한 경위를 써 보자.

....

....

....

....

❿ 개츠비의 꿈과 사랑에 대해 생각해 보고, 진실한 사랑이란 무엇인지에 대한 자신의 생각을 써 보자.

....

....

....

....

논·술·세·계·대·표·문·학 〈전60권〉

펴 낸 이   정재상
펴 낸 곳   훈민출판사
주   소   경기도 고양시 덕양구 원당동 416번지
대표전화   (031)962-3888
팩   스   (031)962-9998
출판등록   제395-2003-000042호